I0815312

SIRENAS, AMAZONAS Y ADÚLTERAS

SIRENAS, AMAZONAS Y ADÚLTERAS

Breve historia de la humanidad: de las niñas sin miedo a las mujeres con poder

PATRICIA GONZÁLEZ GUTIÉRREZ

Rocaeditorial •

Primera edición: septiembre de 2024

Printed in Spain – Impreso en España

ISBN: 978-84-19965-15-8
Depósito legal: B-11299-2024

Compuesto en Grafime, S. L.

Impreso en Unigraf
Móstoles (Madrid)

RE 65158

A todas aquellas a las que alguna vez llamaron malas
por no querer cortarse las alas ni guardar silencio

ÍNDICE

INTRODUCCIÓN
EL MIEDO

Aquella podría haber sido una mañana normal en Roma. Una sesión ordinaria en el Senado. Un día más. Pero no lo fue.

Cuando los senadores empezaron a llegar al Foro notaron que algo era diferente, que una presencia desacostumbrada parecía llenarlo todo. Las romanas —o más bien las romanas acomodadas— también estaban allí aquel día y seguían llegando, una tras otra, en un número cada vez mayor.

Por una vez, las mujeres no hicieron lo de siempre: callar y bajar los ojos. Por una vez increparon a sus padres, hijos y maridos. Les recordaron que ellas también eran romanas, que ellas también importaban. Que igualmente debían tenerse en cuenta sus intereses.

Aquel día se discutía la derogación o permanencia de una ley que afectaba a las mujeres y a su expresión de poder: la Lex Oppia.

Esta ley se había promulgado en el 215 a.e.c., en medio

de un contexto de guerra y desesperación para Roma: era el momento más delicado de la segunda guerra púnica y solo había pasado un año del desastre de Cannas. Por entonces, las bajas se multiplicaban al mismo ritmo que el pánico, y una ley suntuaria que invitara a la moderación del gasto pareció una buena idea a ojos de todos. Evitar las demostraciones de poder tradicionales, que incluían el uso de joyas, carros y vestidos caros entre las mujeres, podía pasar como un intento de igualarse, al menos en aspecto, ante el peligro de la desaparición total ante Cartago.

Sin embargo, veinte años después, en el 195 a.e.c., el peligro no solo había pasado, sino que la victoria romana había forzado a Cartago a pagar reparaciones y había conseguido para la República nuevos territorios. Las riquezas crecían en la urbe y, mientras tanto, la ley seguía impidiendo a las mujeres —y solo a ellas— disfrutar y demostrar su posición. En vista de esto, a alguien se le ocurrió que tal vez fuera buena idea derogarla.

El debate en el Senado no se centró solo en una cuestión suntuaria o en lo obsoleto de la ley, sino que se convirtió en un debate sobre la mismísima posición de la mujer en la familia y la sociedad. Lo sabemos porque Tito Livio dejó un relato muy detallado; quizá no del todo real y un pelín reconstruido, pero a los romanos de la época les cuadraba que hubiera sido así. En realidad, su discurso parece casi moderno: el análisis es increíblemente agudo, y nos permite ver las contradicciones y creencias de la sociedad romana.

Livio explicaba que, en este caso, ni la dignidad, ni el pudor, ni las órdenes de sus maridos pudieron retener a las mujeres en casa. Es significativo, primero por el hecho de que todos dieran por supuesto que, incluso discutiendo cuestiones que les afectaban, el lugar de las mujeres estuviera en casa, y segundo por el intento de retenerlas mediante presión social indirecta o por las órdenes directas de quienes tenían autoridad sobre ellas. Y, sobre todo, por el desconcierto y preocupación que causaba que las mujeres pudieran actuar de forma más o menos conjunta.

Ojo, tengamos en cuenta que, al igual que ocurrió en otros casos, ni siquiera eran todas las mujeres, sino un grupo de matronas ricas y con cierta capacidad de actuación por sí mismas, más allá de la acción colectiva. Ni Grecia ni Roma eran un lugar de sororidad general. La clase mandaba sobre el género y a una ciudadana libre no se le ocurriría aliarse con las esclavas en contra de su propia familia, a menos que existiese una necesidad imperiosa. Aun en ese caso, la figura de las confidentes, nodrizas o similares funcionaba como un instrumento o un alivio, pero nadie se cuestionaba la jerarquía.

No obstante, la cita de Livio sobre esto tiene un elemento más. Uno explícito. Hace decir a los hombres:

> *… nuestra libertad, vencida en casa por la insubordinación de la mujer, es machacada y pisoteada incluso aquí en el Foro, y como no fuimos capaces de controlarlas individualmente, nos aterrorizan todas a la vez.*[1]

1. Tito Livio, *Ab urbe condita*, 34, 1.

Es el miedo lo que aflora.

Las mujeres eran concebidas como pasivas, inferiores, débiles y menos inteligentes. Aun así, daban miedo. Su naturaleza daba miedo, la posibilidad de que se organizaran daba miedo. Al fin y al cabo, eran la mitad de la población. ¿Y si se daban cuenta de que otra sociedad era posible?

Livio sigue diciendo:

> *... impuesto por la costumbre o por las leyes, soportan las mujeres a regañadientes. Lo que añoran es la libertad total, o más bien, si queremos decir las cosas como son, el libertinaje. Realmente, si en esto se salen con la suya, ¿qué no intentarán?*

Añade en el discurso una frase que resumía todo ese miedo:

> *... desde el momento mismo en que comiencen a ser iguales, serán superiores.*

La igualdad, cuando alguien está acostumbrado a una posición de superioridad, se ve como agravio.

Y como se dijo en una famosa saga: «El miedo es el camino hacia el Lado Oscuro. El miedo lleva a la ira, la ira lleva al odio, el odio lleva al sufrimiento».

El Lado Oscuro, en un sistema que tenía miedo a las mujeres, fue la creación de la figura de la mujer malvada, peligrosa... Del monstruo. O, más bien, de varias figuras que lo abarcaran todo, que crearan un laberinto en el que a las mujeres no les sirviera nunca nada: ni la belleza ni la fealdad, ni la castidad extrema ni la sexualidad abierta, ni la inteligencia ni la estupidez...

Ninguna de sus opciones será jamás lo bastante buena. A fin de cuentas, hasta la supermodelo de esa revista que has leído está «arreglada» con Photoshop.

Entre el mito y la historia del mundo clásico

Este es un libro sobre los orígenes. Al menos los de aquellos que nos dejaron sus palabras grabadas en piedra, papiro y pergamino. Un mundo del que somos herederos y que es, a la vez, parecido y radicalmente distinto al nuestro.

Miraremos a un pasado griego y romano que nos resulta relativamente fácil de entender culturalmente. También es este un libro que oscilará entre el mito y la historia en un tema en el que no siempre es fácil distinguir una cosa de la otra y en el que, en realidad, hay algo bastante más relevante que dirimir si tal personaje existió o no: entender cómo construimos sus historias.

Así, nos da igual que existiera una Helena que fuera la excusa para desatar la guerra en Troya y arrasar una ciudad. En realidad nos da igual cuánto de historia y cuánto de leyenda hay en esa guerra. Lo que nos importa es cómo nos ha influido. Porque ese influjo es mucho mayor de lo que pensamos.

Ahora bien, si aquellos fueron nuestros cimientos, no debemos olvidar que distan de ser el edificio completo. No somos ni griegos ni romanos, sino una mezcla de culturas, influencias y sincretismos. Nuestras naranjas y números son árabes; nuestros huevos fritos y nuestro vino, fenicios (si pensabais que su mejor aportación era el alfabeto es porque no habéis valorado lo suficiente que introdujesen las gallinas); de América trajimos nuevos mitos, palabras e ideas; y la imagen de la bruja más «clásica» es, sobre todo, una obra de época moderna y de la Europa del norte y central.

Por supuesto, no se trata aquí de juzgar la historia, aunque diré que no pasa nada si las cosas nos parecen mal o bien. No nos engañemos: también en el pasado había ideas divergentes en torno a la moralidad.

Hemos abusado del término *presentismo*, que ha pasado de denominar el hecho de atribuir acciones del pasado a valores presentes (por ejemplo, atribuir ideas sufragistas a las protestas de las mujeres romanas por los impuestos que se les imponían), a creer que no se puede analizar cómo el pasado ha influido en el presente o no poder tener opiniones sobre las acciones o consecuencias de los hechos lejanos.

La función de la historia es, precisamente, analizar cómo se construye el tapiz de la historia, ver cómo cada hilo tiene una parte en esa imagen total que solo podemos ver alejándonos. También lo es intentar discernir las intenciones de quienes nos dejaron sus pensamientos, ideas, propaganda o críticas, saber que las fuentes no son inocentes cuando te cuentan ese chisme tan divertido, sino profundas y oscuras como el mar. Podemos bucear en ellas para encontrar todas esas cosas que no se ven desde la superficie.

Podemos buscar la historia de las niñas, de las matronas rebeldes, de las reinas feroces. Y, a través de esas piezas, no siempre bien valoradas, comprender mejor nuestro propio mundo. Al fin y al cabo, **tener historia es un derecho que no siempre se ha permitido a todo el mundo.**

Y a través del cuento nos miramos

El antropólogo Paul Ricoeur decía que el concepto del mal había recorrido un camino desde la contaminación al pecado y de ahí a la culpa.[2] Puede que sea una simplificación terrible, pero la idea del mal como miasma, como algo expansivo y contagioso, estaba clara en el mundo antiguo. La muerte, la sangre, los delitos... eran elementos que debían ser expiados o limpiados. Los crímenes debían pasar por una purificación. Y, curiosamente, **la mujer era, en sí misma, un elemento contaminante. Un elemento al que temer.**

En este libro no vamos a hablar solo de las malas mujeres en realidad, sino de la imagen de la mala mujer. Es decir, vamos a hacer un recorrido por cómo se fueron tejiendo una serie de ideas, trampas conceptuales, prejuicios y tópicos que acabaron relacionando la feminidad con la maldad, y que

2. Ricoeur, P. (1986), *The Symbolism of Evil*, parte I, Boston, Beacon Press.

han ido constriñendo a las mujeres con una serie de modelos inalcanzables y perversidades poco perversas, inventando historias y relatos que planean como una amenaza sobre sus cabezas.

Por supuesto, las imágenes que vamos a recorrer no se limitan a instalarse en el pasado, como mitos que colocar en un libro de mitología ilustrada, de forma inocua. No se han convertido solo en una imagen vacía que narrar pensando cuán extraño es el pasado. Esas imágenes se han ido transmitiendo, transformando, perviviendo y asentando para construir toda una serie de tópicos sobre la perversidad femenina que nos miran a los ojos en el presente. Son imágenes que se validan a sí mismas con el peso de la tradición, con siglos de cuadros que admiramos en museos, de literatura que consumimos, de narraciones que disfrutamos y ejemplos. Son estas la clase de imágenes que nos cuesta concebir como construcciones artificiales, porque tienen tanto peso en el imaginario colectivo que parecen, simplemente, obvias y naturales.

Tendríamos que pararnos a pensar en cuán peligrosas son las ideas preconcebidas, esas que impregnan nuestra tradición hasta el punto de que, cuando alguien se atreve a cuestionarlas, nos limitamos a mirar desconcertados a nuestro interlocutor y respondemos con esa frase tan eterna como peligrosa: «Es que siempre ha sido así».

Las películas de Hollywood, y de fuera de Hollywood, están llenas de casos de mujeres terribles, bien en busca de venganza, bien *femmes fatales* que atraen a los hombres cual sirenas, bien por pura maldad. Los tópicos son variados, pero se redirigen siempre a una mezcla entre el miedo a las mujeres y una sexualidad más o menos explícita. Deseo y terror. Terror y deseo.[3] *Instinto básico*, *Cisne negro*, *La mano que mece la cuna*... Todo el cine negro de los años cuarenta y cincuenta que se volvió a poner de moda a finales de los ochenta.

Desde la década de 1920 las películas sobre Mesalina o Cleopatra se han repetido una y otra vez, con la insistencia del niño que te pide ver por decimocuarta vez seguida la misma película de dibujos animados. De hecho, es la Cleopatra de Theda Bara, en 1917, la que configura toda una imagen de la mujer *vamp* en la retina y la mente de los espectadores. Series como *Yo, Claudio* (BBC, 1976) o *Roma* (HBO, 2005-2007) han contribuido a asentar estos tópicos, siguiendo las fuentes como garantía de éxito.

Así pues, vamos a hacer un recorrido por todos esos cuentos, tragedias, moralejas disfrazadas de historia, invectivas o mitos que fueron creando estas imágenes que nos fascinan y nos horrorizan a partes iguales.

Transitaremos un camino a través de las terribles brujas que levantaban a los muertos, de las emperatrices adúlteras y desatadas, de las madrastras malvadas siempre dispuestas a matar a las inocentes niñas, y de las suegras desagradables que pueblan los chistes; a través de las sirenas que ofrecían sabiduría y las prostitutas rapaces que exprimían a los pobres clientes enamorados, o las amazonas feroces dispuestas a

3. Simkin, S. (2014), *Cultural Constructions of the Femme Fatale*, Houndmills, Palgrave Macmillan.

matar a cualquier hombre que se interpusiese en su camino. Y tendremos que preguntarnos una y otra vez cómo nos vendieron el cuento, por qué nos creímos que eran las malas de la película o por qué las escribieron así, como diría Jessica Rabbit.

La imagen de la mala mujer es una advertencia a todas las mujeres, pero ¿cuál es ese concepto de maldad? ¿Estamos seguros de que seguimos compartiéndolo? Y, más importante aún, ¿qué esconde ese mal?

En 1974 Marina Abramović realizó una performance enormemente significativa. Colocó delante de sí una serie de objetos de toda clase y se sentó, inmóvil, a esperar. Dejó unas instrucciones claras y concisas:

> *Hay setenta y dos objetos en la mesa que se pueden utilizar en mí. Yo soy el objeto. Durante este periodo mi responsabilidad es plena.*

Los objetos eran muy variados. Había plumas y cuchillos, uvas y tijeras, una pistola, perfume, miel y clavos, una manzana y un hacha. La historia se construiría en los límites entre el bien y el mal.

Al principio todo fue inocente. La gente le daba castos besos, le regalaba la rosa o le dejaba mensajes. Pero según transcurrían las horas, la cosa empezó a complicarse. Alguien le arrancó la ropa con las tijeras. Un hombre le hizo un corte en el cuello con el cuchillo para beber su sangre. Otro la encañonó con la pistola cargada. Otro más la animó a dispararse en la cabeza, hasta que el guardia de seguridad, con buen tino, se deshizo de la pistola.

Durante el resto de la performance colocaron el cuchillo entre sus piernas, cortaron su carne varias veces más, le clavaron la rosa. Le escupieron y la humillaron. Una mujer usó el pañuelo para intentar limpiarla y secar su sangre, tratando de detener un poco el frenesí.

No funcionó. Solo acabó cuando, transcurridas seis horas, se movió y se acercó al público. Los que antes la cortaban y pellizcaban huyeron como alma que lleva el diablo.

La artista no había hecho nada, no se había movido, pero aun así se la castigó inmisericordemente. Se dejó una elección en manos de las personas y la opción elegida fue tratar de destruir a una mujer.

Ahora pensemos un segundo qué hubieran dicho esos hombres años después, recordando la performance. Cómo se hubiera construido la imagen de esa mujer si no se hubiese levantado a las seis horas, si nunca hubiese podido defenderse. O, peor, si les hubiera devuelto los golpes a todos ellos una vez concluido el tiempo del espectáculo.

Las historias de las mujeres malvadas, muchas veces, empiezan así.

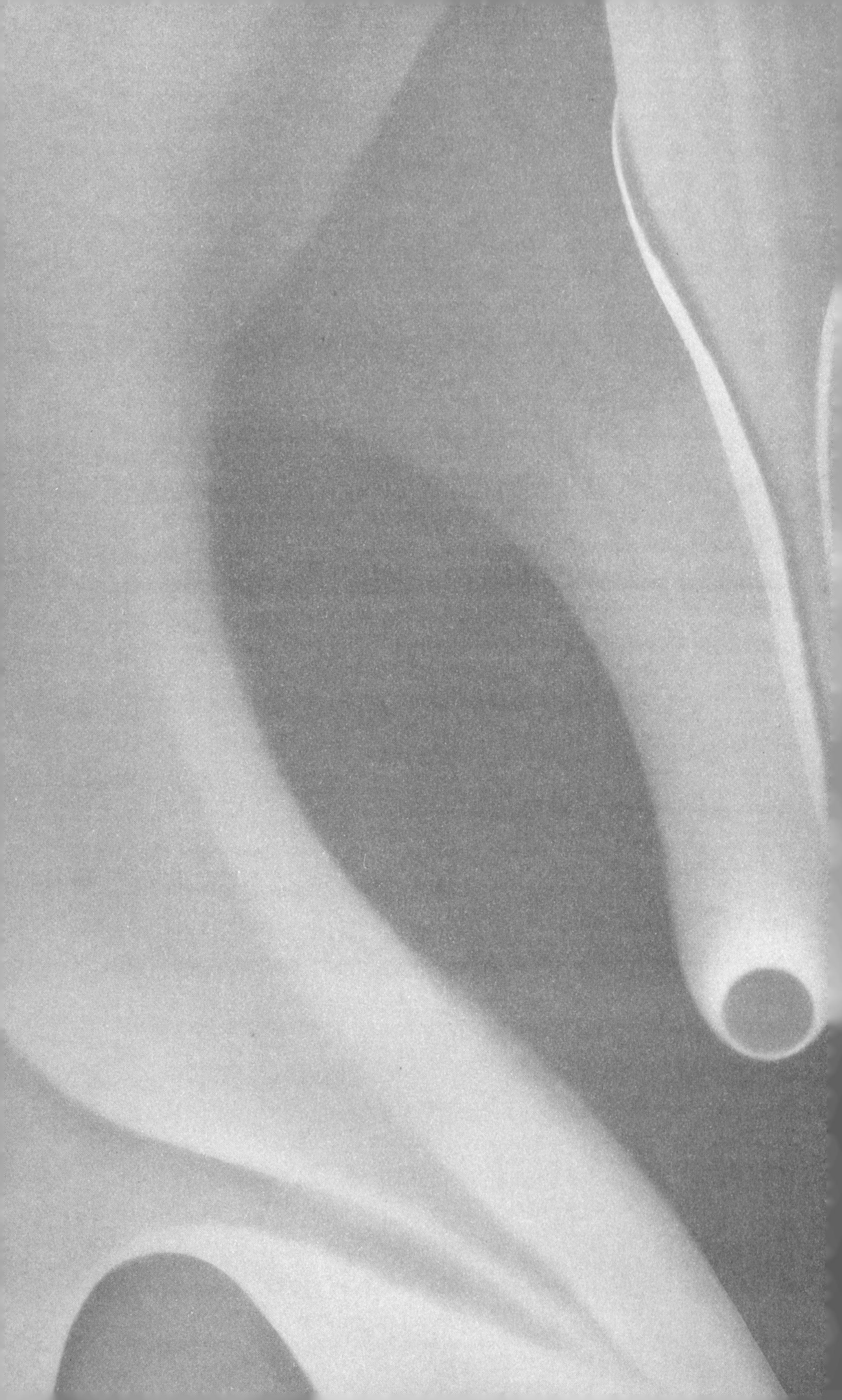

1
La naturaleza femenina

Histéricas y venenosas

Un regalo envenenado: divinas y artificiales

Semónides de Amorgos fue un autor griego del que no conocemos demasiado. Por mucho que lo consideremos un poeta fundamental en el origen de la poesía satírica griega, no conservamos siquiera una treintena de fragmentos de su obra, muchos de ellos bastante cortos. Lo que sí conservamos de este poeta del siglo VII o VI a.e.c. es un largo poema misógino.

Así pues, Semónides no solo es fundamental en el origen de la sátira, sino que también es fundador de la costumbre de dirigir dicha sátira contra los elementos más vulnerables de la sociedad. Recordemos que en Atenas la situación social de la mujer era aún peor que la que se daría en Roma: las mujeres apenas podían manejar calderilla diaria, la figura del tutor era mucho más potente, no tenían apenas agencia sobre su vida, su presencia en el ámbito público estaba muy mal vista... De hecho, en el caso de que fueran herederas por ausencia de hermanos que mantuvieran «de verdad» el legado y el patrimonio, se las podía obligar a divorciarse para casarlas con algún pariente más cercano y, de esa forma, evitar que la integridad de la línea familiar corriera peligro.

Semónides nos habla de la naturaleza femenina o, más bien, de las distintas naturalezas de la mujer, a la que compara con diversos animales, a cuáles más viles o desagradables. Solo un tipo se salva, la mujer abeja, que sería la humilde, silenciosa y trabajadora. La única mujer buena era a la que no se veía, no molestaba y conseguía hacer la vida de sus parientes varones más sencilla y agradable, sin recibir apenas nada a cambio.

Algunas mujeres, según Semónides, vendrían de la cotilla y voluble zorra o de la malvada perra. A esta, según el autor, no se la podría hacer callar ni rompiéndole los dientes con una piedra. El castigo no parece una hipérbole, pero la malvada, por supuesto, es ella. La que nace de la tierra es pasiva e imbécil, aunque los hombres nacidos de la tierra en los mitos fundacionales son valerosos y unidos a su patria. Otras vendrían de las burras, y estas, al menos, hacen un buen trabajo si las explotas lo suficiente, no como las que nacen de la comadreja, que darían asco en su lujuria, o de las yeguas, que solo vivirían por su belleza. También estaría la cerda, que no solo es sucia, sino que engorda; o la mona, fea y desagradable, a la que no le importa el ridículo. En general, de hecho, se mencionan varias veces la glotonería y los cuerpos no normativos. El *kalós kai agathós* ('bello' y 'bueno') también funciona en negativo, construyendo a las infames, malvadas, idiotas o peligrosas con cuerpos que se alejan del canon estético.

No es algo que se quedara en el mundo griego, y no creo que podamos obviar los problemas médicos y sociales derivados de la gordofobia, que escatima diagnósticos al obviar cualquier problema que no esté relacionado con el peso, que provoca acoso y desprecios, y que se camufla de un paternalista interés por la salud que no es tal, sino asco y miedo por lo que se sale de lo normativo. La asociación de la gordura a la pereza, la avaricia, la gula... no solo queda en el imaginario en las representaciones satíricas de viñetas y cuentos, sino que permea a cada espacio de la vida cotidiana.

La conclusión, además de que la mayoría de las mujeres eran malas o inútiles, era otra. En el fondo, lo que se quería decir es que tampoco es que las mujeres fueran del todo humanas. Lo parecían, pero pertenecían a una raza aparte, a una naturaleza diferente, algo artificial, inferior física, mental y moralmente. Eran un elemento necesario pero terrible.

Quizá dos ejemplos se nos vengan a la mente de manera automática, los de Pandora y Eva.

La historia de Pandora nos la cuenta Hesíodo en *Los trabajos y los días*.[4] La creación de la mujer —hecha de barro, en este

4. Hesíodo, *Los trabajos y los días*, 42-105.

caso— se concibe como un castigo para Prometeo y para la humanidad. Un castigo que lo era no solo debido a la famosa caja —en realidad, una jarra— llena de desgracias y que ella estaba abocada a abrir por culpa de su curiosidad, sino por la propia Pandora en sí misma.

Zeus la hace bella, conocedora de los cuidados y del arte de tejer, pero también voluble, seductora, cínica y mentirosa. Así pues, no solo la mujer era un elemento artificial en la sociedad de los hombres, además de la causante de la muerte, el cansancio, las enfermedades y las desgracias, sino que **su misma naturaleza era una desgracia y un regalo envenenado.**[5]

Puede parecer exagerado que alguien realmente pensara que hombres y mujeres eran de *genos* diferentes, es decir, de especies distintas, pero nos podríamos sorprender aún más al encontrarnos que Aristóteles, en su *Metafísica,* reflexionaba muy seriamente sobre ello. Su conclusión, al final, es que sí, hombres y mujeres son de la misma especie, por mucho que sus naturalezas sean, según él, contrarias. Asimismo, también concluye que la diferencia de género en humanos y animales es un tema de materia… De materia un poco «defectuosa», como ya veremos.

5. El hecho de que la esperanza o la espera quede encerrada en la jarra es algo confuso: ¿se queda encerrada porque así permanece junto a los hombres? ¿Porque así los males llegan «sin esperárselos»? ¿Se niega la esperanza a los hombres? ¿Se están cruzando dos historias en las que también había bienes en la jarra? No parece que Hesíodo atara todos los cabos en esta historia, o se nos escapan cosas que eran conocidas pero no aparecen en la narración.

Una historia similar la encontramos en el Génesis, con la historia de Eva. En realidad hay dos historias muy diferentes, encajadas a martillazos o superpuestas para que parezcan una sola. Una de ellas habla de una creación conjunta: Dios creó al ser humano, en general, y originó a la vez a hombres y mujeres a partir de la tierra con un hálito divino. Sin embargo, el relato de Eva se yuxtapone sin demasiada solución de continuidad, en un acuerdo tácito por obviar la contradicción.

En esta segunda historia, el hombre es creado en masculino concreto y no genérico, pero Dios decide darle una compañera, esta vez no como castigo sino como apoyo, aunque con los mismos fatídicos resultados que en la historia de Pandora. A fin de cuentas, la mujer se dejará engañar por el demonio, comerá de la fruta prohibida, engañará a Adán y el resto es una historia de sobra conocida.

Si dudábamos sobre si una sociedad podía pasarse siglos culpando a todas las mujeres por la historia de una mujer concebida como fuente de todo mal o que acaba siéndolo, según la leyenda de Pandora, con la de Eva queda poca duda. Gran parte de los conceptos más misóginos de las religiones del Libro vienen precisamente de esta historia. **Eva es la puerta de todo mal, la naturaleza femenina encarnada, la causa de la caída.**

En la primera Carta a Timoteo, ya en el Nuevo Testamento, esto se resume muy bien. Eva fue creada para Adán y falló, luego su puesto es secundario en la sociedad; si no podía ser buena, al menos podía asumir que debía sujetarse al varón, callar y aprender. Y absolutamente nada más.

Tertuliano fue algo más explícito. Si bien es cierto que el cristianismo más ortodoxo acabó renegando de su dureza y radicalidad, ha sido una figura muy recuperada en tiempos posteriores. Sobre las mujeres decía:

> *Vive la sentencia de Dios sobre este sexo aún en este mundo: que viva también la culpa. Tú eres la puerta del diablo; tú eres la que abrió el sello de aquel árbol; tú eres la primera transgresora de la ley divina, tú eres la que persuadiste a aquel a quien el diablo no pudo atacar; tú destruiste tan fácilmente al hombre, imagen de Dios; por tu merecimiento, esto es, por la muerte, incluso tuvo que morir el Hijo de Dios: ¿y se te puede ocurrir cubrir con adornos tus túnicas de piel?*[6]

Si nos fijamos en el texto, asoma otra de las cuestiones importantes en la conformación de la naturaleza femenina para el cristianismo hasta épocas recientes: **mientras el hombre es imagen de Dios, la mujer solo lo es del hombre.** También san Pablo lo decía en su primera Epístola a los corintios. Solo unas pocas voces, como la de Gregorio Niseno, intentaron recordar a la congregación las palabras de la primera historia del Génesis sobre la creación... sin demasiado éxito.

El cristianismo se «redime» por la aparición de la figura de María, pero resulta complicado pensar en una naturaleza

6. Tertuliano, *De habitu muliebri*, 1, 2.

femenina que, para exonerarse, deba ser virgen y madre a la vez. El cristianismo permite a las mujeres superar la naturaleza para ser buenas, pero ello implica renunciar a esa misma esencia, mediante la renuncia al cuerpo o a la vida.

Un buen ejemplo de ello son las *mulier virilis* del cristianismo primitivo. Ya veremos como las mártires, las ascetas o las mujeres que lideraban las Iglesias domésticas, cuando reivindicaban su fortaleza, coraje y valía no lo hacían desde la posición de personas enérgicas y poderosas, sino como mujeres que habían renunciado a serlo. Su fuerza no replanteaba el concepto de una feminidad débil, solo las sacaba de ella, colocándolas en una suerte de masculinidad extraña. Eran la excepción que confirmaba la regla. La única forma de dejar de ser una mala mujer por pura naturaleza era... no ser una mujer. No había escape posible.

Quizá aquí debamos detenernos un momento y reflexionar sobre lo que significan los mitos de creación, porque incluso los que parecen buenos igual no lo son tanto. Muchos mitos mencionan la creación conjunta de hombres y mujeres, y otros hacen referencia a la *autoctonía*: esos mitos en que hombres y mujeres son creados a partir de huesos arrojados a la tierra, o de las piedras. Al fin y al cabo, **se seguía ignorando un elemento fundamental en la reproducción, la mujer.** Eran dioses masculinos quienes manipulaban la tierra para formar humanos ligados a ese territorio. Nicole Loraux dio en el clavo con qué significaban estos mitos de autoctonía, que se relacionan fuertemente con los debates sobre cómo se generaban nuevos seres humanos:

el hombre intentaba apropiarse del nacimiento y la capacidad de engendrar.[7]

Resulta complicado imaginar que, en caso de dudar sobre si alguien tiene o no un papel fundamental en el embarazo y la creación de pequeños nuevos ciudadanos que perpetúen la sociedad, se dude de la participación de la madre. Pero eso fue justamente lo que pasó en Grecia y en Roma.

Cuando se debatió sobre si la mujer participaba en la concepción, pese a algunas voces discordantes, el acuerdo fue... que no. ¿Te sabes esa de «papá pone una semillita en la barriga de mamá»? Pues literalmente eso, pero dicho en bonito, con cuestiones de materia y forma.

Tanto Aristóteles como Galeno opinaban que el hombre aportaba la forma en la concepción, a través de su «semilla», mientras que la mujer solo era materia pasiva. El hombre generaba, la mujer concebía. Dio lugar a una metáfora recurrente esa idea del horno frente al artesano que moldea ese bonito *kylix*. El hombre como artesano y como agricultor; la mujer como recipiente o tierra pasiva que recibía aquello que debía custodiar.

El mundo divino reflejaba estos conceptos en una serie de mitos que nos hemos limitado, muchas veces, a transmitir como cuentos curiosos, en preciosos libros ilustrados que nos fascinan, pero que no nos paramos demasiado a analizar. Un Zeus travieso y amante (y no un depredador

7. Loraux, N. (2017), *Los hijos de Atenea. Ideas atenienses sobre la ciudadanía y la división de sexos*, Barcelona, Acantilado.

sexual), una Hera celosa, una Afrodita seductora o un brillante Apolo. Pasamos un poco por encima de la violencia y de los valores que se transmiten en ellos, como si solo fueran elementos asépticos. Sin embargo, **los mitos no eran cuentos, sino explicaciones, enseñanzas y amenazas.** Transmitían una forma de ver el mundo y apuntalaban una sociedad que repetía, una y otra vez, su estructura, igual que hacemos hoy con los cuentos y las películas.

En la religión del mundo clásico era posible la partenogénesis, es decir, los nacimientos que no implicaban una concepción mediante una pareja y una relación sexual, o que por lo menos la obvian en parte del proceso. Atenea nació, perfecta y armada, de la cabeza de Zeus, que se había tragado a su esposa Metis por miedo a concebir un hijo que le destronase. Afrodita nació de la espuma del mar, tras caer en él los genitales de Urano, castrado por su hijo Cronos (el miedo de Zeus no era en vano); del cielo y el tiempo surgió la perfecta diosa del amor, la fertilidad y la sensualidad. También Dionisos nació del muslo de Zeus, que lo integró en su cuerpo al morir su madre Semele, embarazada, tras ser engañada por Hera para pedir a Zeus que se mostrase en todo su esplendor. El dios, hermoso y salvaje, recorría el mundo con un séquito de ménades, sátiros y panteras, para llevar al éxtasis a quienes le adoraban.

Pero cuando no eran los luminosos principios masculinos los que engendraban, las cosas no iban tan bien. Al principio, decían, solo estaba el Caos, pero este no era masculino, sino un elemento neutro, ajeno al género y el orden. De ello salieron Gea, la tierra, pero también Erebo y la negra Noche, un elemento terrible y ambiguo, al que temer y respetar, y cuyas sus criaturas principales son femeninas. Gea es la Madre por excelencia, la única en la que la partenogénesis salió relativamente bien, pero solo como principio. De ella surgen Urano, el cielo, y Ponto, el mar. Precisamente necesita sacar de su ser a Urano porque sin él se agota la partenogénesis. Es el principio masculino el que ordena la informe fertilidad de la tierra. Sin embargo, como buenos descendientes solo de mujer, el mar era oscuro y el cielo imprevisible. Urano se dedicó a esconder e intentar destruir su descendencia, los cíclopes, constructores de ciudades y murallas, y los titanes, llamados a ordenar el mundo. El menor de ellos, Cronos, ante el dolor de su madre, destronó a su padre para ocupar su lugar. La siguiente generación, alejada ya de una creación femenina, impuso su mando sobre un mundo en una escala mucho más humana. Tras la tierra, el tiempo, el mar o el sol, vinieron los dioses que rigieron la naturaleza, de Zeus a Poseidón y Hares. En esta generación lo femenino va tomando una forma ordenada con Hera, que representa el matrimonio, o Vesta, diosa del hogar. Si alguna diosa quería permanecer salvaje no le quedaba otra que habitar los márgenes y permanecer virgen, como Ártemis, o adaptarse a una masculinidad poco sutil, como Atenea.

El resto de las partenogénesis fueron desastrosas. Noche y Eris engendraron un raudal de terrores, un conjunto de deidades colectivas o abstractas que supusieron la destrucción de lo humano y lo bueno, aunque fueran necesarias.

Parió la Noche al maldito Moros, a la negra Ker y a Tánato; la Noche parió también a Hipnos y engendró la tribu de los Sueños. Luego además la diosa, la oscura Noche, dio a luz sin acostarse con nadie a la Burla, al doloroso Lamento y a las Hespérides, que, al otro lado del ilustre Océano, cuidan las bellas manzanas de oro y los árboles que producen el fruto. Parió igualmente a las Moiras y las Keres, vengadoras implacables; a Cloto, a Láquesis y a Atropo, que conceden a los mortales, cuando nacen, la posesión del bien y del mal y persiguen los delitos de hombres y dioses. Nunca cejan las diosas en su terrible cólera antes de aplicar un amargo castigo a quien comete delitos. También alumbró a Némesis, azote para los hombres mortales, la funesta Noche. Después de ella tuvo al Engaño, la Ternura y la funesta Vejez, y engendró a la astuta Eris. Por su parte, la maldita Eris parió a la dolorosa Fatiga, al Olvido, al Hambre y los Dolores, que causan llanto, a los Combates, Guerras, Matanzas, Masacres, Odios, Mentiras, Discursos, Ambigüedades, al Desorden y la Destrucción, compañeros inseparables, y al Juramento, el que más dolores proporciona a los hombres de la tierra siempre que alguno perjura voluntariamente.[8]

8. Hesíodo, *Teogonía*, 210 y ss.

En cambio, el Ponto alumbra «al sincero y veraz Nereo» o a las «adorables y divinas» nereidas. Por otro lado, no deja de ser curioso cómo, entre Guerra y Masacre, Odio y Destrucción, consideran que Eris pare al igualmente terrible Discurso y a Desorden. Se ve que las mujeres malvadas, sin un principio masculino, dan a luz la habitación de un adolescente medio.

Un cuerpo, dos cuerpos, tres cuerpos... y un útero errante

Queda claro que, para griegos y romanos, el primer peligro que concebían de una mujer era su propia naturaleza..., aunque no fuera la divina. Las ideas más ligadas a la medicina y la ciencia tampoco dejaban en buen lugar a las mujeres. Quizá aquí tenemos que detenernos un segundo para reflexionar sobre qué se nos viene a la cabeza cuando pensamos en términos como *biología* o *naturaleza*. Tendemos a concebir una especie de conjunto de características inmutables, objetivas, asépticas y universalmente observables. Cuando hablamos de biología pensamos, automáticamente, en un «es que esto es así». Pero ¿de verdad «es así»?

Desde el principio de los tiempos, el estudio de la naturaleza ha buscado no solo comprender la misma, sino también explicar la propia sociedad. Y ahí entra un elemento peligroso, porque lo cultural, en este caso, precede a lo natural. O, más bien, los científicos y filósofos han buscado explicar las bases de lo que daban por supuesto desde un ámbito que lo justificara y le diera una base de apariencia inmutable. Así, el racismo antecede, en este sentido, a la raza, y el género al sexo. Los humanos clasificamos, observamos y explicamos desde nuestra cultura. Por ejemplo, el darwinismo social pretendía dar una base natural a la dominación de unos grupos sobre otros, o el racismo científico pretendió justificar la inferioridad de las personas racializadas frente a los concebidos como «culmen» de la evolución, los blancos. De hecho, es curioso que muchas veces ilustraban esta jerarquía con esculturas griegas como ejemplo de la blanquitud y la perfección. Así, también la ciencia griega y romana pretendía sostener la inferioridad femenina, que justificaba un sistema social básicamente desigual.

Antes de dar un portazo a las ideas que vamos a desmenuzar aquí con un pensamiento sobre lo atrasados que eran o que claramente se creían tonterías, haríamos bien en mirar nuestra propia sociedad y ver cómo esto no solo ha pasado con el mundo clásico. Un lenguaje que asociaba a la mujer a la pasividad y al hombre a la actividad se ha mantenido en la explicación de la reproducción hasta hoy. La emocional mujer ha sido sobrediagnosticada con problemas de ansiedad mientras se obviaban los síntomas físicos, y los estudios médicos se han realizado solo en hombres por la «volubilidad» de la naturaleza femenina, excusándose en las hormonas. Pensad aquí a cuántas mujeres han mandado a casa con un infarto porque los síntomas diferenciales no se habían observado ni estudiado. Cada vez que tengáis un pensamiento tentador sobre «a mí eso no me interesa» en torno a los debates éticos y sociales en la ciencia o sobre la política, volved a recordar este dato.

Lo mismo pasa con las clasificaciones. En cuántas razas, orientaciones sexuales o géneros decidimos dividir la sociedad depende mucho más de cómo se organiza cada sociedad que de una serie de características claramente observables que todo el mundo pueda catalogar automáticamente. Así, numerosas sociedades tienen más de dos géneros, y otras conciben una fluidez intrínseca entre un espectro, no dos polos claramente separados. No solo se debe a cuestiones como la intersexualidad, que crea una ambigüedad reconocida incluso en las sociedades con un género binario, igual que no se debe a conocer más o menos pueblos y colores de piel, sino a que las características que se destacan y el número de categorías son elementos culturales. Planteaos cómo un español está racializado en Estados Unidos, o cómo se concibe el término *ario*. Tampoco el género es una simple superposición de ideas sobre una esencia inmutable, sino que es la propia construcción de la diferencia sexual y su rol social.

El cuerpo, además, no es un elemento estático y continuo, sino que, por ejemplo, el dimorfismo puede variar dependiendo de las tareas, ejercicio y alimentación asignada a cada categoría. Lo podemos comprobar en algunos yacimientos de larga duración, en que la constitución física varía dependiendo del cambio de roles de género asignados. No era algo ajeno a griegos y romanos, conscientes de su capacidad de alterar el desarrollo del cuerpo humano. En este sentido, por ejemplo, sabían que podían alterar la edad de la menarquia dependiendo de la alimentación y estrés físico. También sabían que eso podía afectar a la capacidad reproductiva de las niñas y mujeres, pero siempre hubo una cierta tensión entre la supervivencia de madres e hijos y la capacidad social de forjar alianzas a través de los matrimonios. Así, por ejemplo, los espartanos resultaban sorprendentes por su tendencia a matrimonios y partos tardíos, al alimentar a las niñas igual que a los niños y potenciar que se ejercitaran físicamente. Aristóteles, en cambio, recordaba que un oráculo dado por Delfos a los trecenios que les instaba a no arar en surco nuevo no se refería, en absoluto, a la agricultura.

Hecho este inciso, pasemos a la ciencia grecorromana. Esta partía de dos conceptos básicos. El primero afirmaba que las mujeres eran inferiores a los hombres, aunque con una inferioridad justificada en la complementariedad reproductiva. Porque, ante todo, la naturaleza era sabia, como dijo Galeno. La cosa no fue a mejor con el paso del tiempo y santo Tomás afirmó que solo la reproducción libraba a la mujer de ser extirpada del orden temporal y que esa era su única función natural. La construcción de la mujer malvada empieza siempre por el miedo y el desprecio, un desprecio profundo, atávico y desolador. De hecho, Aristóteles consideraba el nacimiento de una niña, en cierto modo, como una monstruosidad, como la primera aberración de la naturaleza, una forma desviada del modelo y de quien la engendraba,[9]

9. Aristóteles, *Sobre la generación de los animales*, 775a. y ss.

aunque fuera una circunstancia necesaria y perdonable, un mecanismo de la naturaleza. La mujer se convertía en un monstruo por el mero hecho de serlo, nunca sería una humana completa porque para ello tendría que considerarse un ser humano. El masculino genérico nació como muy poco genérico y muy masculino. La segunda idea era la de que la mujer era, esencial y biológicamente, peligrosa.

Dadas esas premisas básicas, los científicos grecorromanos se lanzaron a construir un edificio teórico que pudiera explicar las diferencias que percibían, la reproducción y cómo concebían el cuerpo. Pero ¿era un solo cuerpo o dos? ¿La diferencia humana era aparente o esencial? ¿Se trataba solo de una imperfección o había elementos intrínsecamente diferentes? La conclusión a la que llegaron fue la de que la mujer era simplemente un hombre mal hecho y malogrado, a medio cocer. El cuerpo femenino era una inversión del masculino por falta de calor en el útero. Los ovarios, por ejemplo, serían lo mismo que los testículos, y la vagina la inversión del pene. Vale, el argumento tiene unos cuantos fallos y ya nadie lo da por bueno, pero algunas de sus consecuencias han perdurado a lo largo de los años, como considerar lo masculino como la norma, lo básico, mientras que lo femenino solo se representa como la desviación o para encarnar lo particular.

Si pensáis que exagero haced memoria de los modelos anatómicos que hemos visto siempre. Si lo normal es encontrar modelos en masculino, hasta hace unos siglos era, simplemente, lo elemental. Cuando empezaron a hacerse modelos dobles no fue mejor, y desde época moderna el interés por la diferencia, a través de la exageración, nominación o tratamiento diferenciado no buscaba romper con la norma, sino reforzarla recalcando la debilidad femenina.[10] Aun en 1819, en el *London Medical Dictionary* se definían los ovarios como la contrapartida de los testículos. En ese orden. De hecho, cuando se descubrió que el feto sufría un proceso de masculinización en el útero y no al revés, se empezó a aplicar un vocabulario relacionado con la evolución en vez de uno vinculado con la degeneración. Este es un juego en el que no podemos ganar.

El hecho de que la mujer fuera más fría, débil y blanda no solo la hacía incapaz para los asuntos viriles e inferior en todo al hombre, sino que también provocaba que no pudiese procesar adecuadamente el equilibrio entre alimentos y desechos, por lo que tenía que, de alguna forma, compensarlo. Una vez al mes, aproximadamente, debía purgarse de toda la basura que había ido produciendo y almacenando su cuerpo. De modo que la mujer se volvía venenosa, pues contenía en su cuerpo un residuo tóxico que podía afectar a todo el entorno, sobre todo cuando se eliminaba: la menstruación. Pero no era un veneno cualquiera, esa sangre era terrible, un elemento prodigioso para la magia y la medicina, una toxina letal y un elemento del caos. Hasta tal punto era peligrosa

10. Gómez Rodríguez, A. (2004), *La estirpe maldita. La construcción científica de lo femenino*, Madrid, Minerva; T. Laqueur (1994), *La construcción del sexo. Cuerpo y género desde los griegos hasta Freud*, Madrid, Cátedra.

que si un perro la probaba cogía la rabia irremediablemente, volviéndose venenoso también él. Recordemos que aún hoy la rabia no tiene más tratamiento que intentar que la vacuna funcione nada más recibir la herida, y causa un cien por cien de letalidad.

Solo seis personas han sobrevivido en la historia a la rabia, pero el mundo clásico pensaba que las mujeres éramos capaces de convivir con ese veneno —que causa pánico, alucinaciones, fiebre o hidrofobia— una semana al mes sin mayores problemas que los retortijones.

En muchas sociedades la sangre menstrual es vista como contaminante, venenosa o impura, y conlleva el aislamiento de la mujer o la necesidad de una serie de rituales de purificación.[11] A veces, nos dicen la antropología y las fuentes, no ha venido mal para conseguir espacios de soledad y evitar violencias. El Talmud, por ejemplo, nos cuenta historias sobre cómo algunas mujeres judías evitaron violaciones fingiendo tener la menstruación. En uno de los casos es una de las vigilantes la que ayuda a una muchacha cuando vierte vino en su vestido para hacer creíble la historia.[12]

El mundo clásico no fue diferente, y desarrolló toda una serie de miedos, prejuicios y tópicos sobre este particular, además de lo de la rabia.

Aristóteles o Plinio dibujaron un panorama terrible en

11. Buckley, T. y Gottlieb A., eds. (1988), *Blood Magic. The Anthropology of Menstruation*, Berkeley, University of California Press.
12. Taanit, 22a; Avodah Zarah, 18.

torno a la menstruación. Los cereales se agostarían al contacto con una mujer menstruante y las semillas de los huertos se secarían, al igual que los frutos de los árboles. El metal era especialmente sensible, por lo que los espejos se empañarían solo con la mirada, el filo de las espadas y herramientas se volvería romo y el bronce empezaría a apestar. Lo mismo pasaría con el marfil o con los pequeños animales como las abejas.[13] Esto último podía resultar hasta útil, ya que uno de los remedios propuestos por Plinio para las plagas era pasear por el campo a una mujer menstruante; no queda claro cómo se combinaba con la parte de que los cereales se secasen, aunque el autor dice que, con que no se haga al amanecer, debería valer. También decía que si una mujer menstruante se desnuda podría alejar el granizo y los rayos, e incluso sin estar exactamente en el periodo menstrual las tormentas se apaciguan ante el cuerpo de una mujer que dejase caer su ropa. Igual Plinio tenía demasiado miedo o demasiada confianza en las capacidades de las mujeres.

Por otro lado, fertilidad y menstruación eran extremos contrarios, de tal modo que las yeguas e incluso las mujeres podían abortar si entraban en contacto con una menstruante. También había recetas anticonceptivas o abortivas que usaban este elemento. Las médicas Lais y Elefantis aconsejaban grano o carbón de varias plantas mojado en la sangre. Un papiro mágico, aunque de traducción controvertida, tenía una receta un poco más elaborada, que incluía coger una

13. Plinio, *Historia natural*, VII, 15; XXVIII, 23.

rana, hacerle tragar garbanzos mojados en sangre menstrual y luego liberarla en el mismo sitio en que se hubiera capturado.[14] La pobre rana aún se está preguntando qué hizo ella para merecer ese trato.

Aunque pueda parecernos exagerado y nos preguntemos si de verdad alguna mujer temía estropear la espada de su esposo al rondarla en los días de su periodo, tenemos que recordar que este tipo de mitos han llegado hasta nuestros días. En algunos casos la antropología ha señalado que estos tabúes podían ser reconducidos por las mujeres para ejercer cierto control de acceso a actividades comunitarias, o para rechazar su participación. La idea de que una menstruante estropearía el proceso de la matanza o podía arruinar toda la cosecha si entraba en la bodega permitía (o permite, que quizá no deberíamos hablar en pasado) un juego de estrategias femeninas.

Sin embargo, no solo hablo de que aún a finales del siglo pasado (eso es el siglo XX para quienes, como yo, seguimos pensando que los noventa fueron hace dos días) se recomendara no regar las plantas en esos días o se pensara que la mayonesa se cortaría irremediablemente, sino también que existían mitos sobre los peligros de lavarse el pelo. Peor aún, el asco y el miedo a la sangre menstrual perduran en un imaginario colectivo que ha representado tradicionalmente la sangre como un líquido suave y fluido, azul y en una probeta en todos los anuncios. Una sociedad en la que hablar de compresas o bragas menstruales sigue siendo un tabú que

14. *Textos de magia en papiros griegos*, XXXVI, 17.

hace a las adolescentes intercambiar los tampones como si fueran droga o que lleva a susurrar avisos sobre manchas. Una sangre que se percibe muy diferente a la de las heridas o las hemorragias nasales, que no son una vergüenza para nadie. ¿Nunca os habéis planteado por qué nadie debería avergonzarse de sangrar? El mismo que acaba de meterse entre pecho y espalda un maratón de *Saw* torcerá el gesto ante la mención de un coágulo menstrual.

No hace mucho una artista, Rupi Kaur, realizó un proyecto sobre la menstruación en Instagram y subió una foto de ella sobre la cama, torcida por el dolor y con el pantalón manchado. La red social, que permite una ingente cantidad de violencia, censuró la foto y la cuenta. Tras una enorme polémica reculó y restauraron la cuenta. Otra artista, María Evelia Marmolejo, realizó en 1982 una performance titulada *11 de marzo*, en que sangraba libremente por una habitación cubierta de compresas tras haber tomado emenagogos. Era un grito de protesta ante una sociedad que se había burlado de ella siempre por haber tenido una menstruación abundante, un desafío a un mundo que la consideraba aberrante. Ese mundo, en cambio, decidió ignorar su mensaje e inventarse un canto a la fertilidad. No hay nada que el sistema no pueda reconducir con una adecuada dosis de cinismo; si no puedes considerar aberrante a una mujer, invisibilízala y encierra su menaje en una oda a la naturaleza y la emocionalidad.[15]

15. Fajardo-Hill, C. (2012), «María Evelia Marmolejo's Political Body», en *ArtNexus*, 85.

La mujer no solo era tóxica para el resto del mundo a través de la menstruación, también era un peligro para sí misma, una bomba siempre a punto de estallar. Si bien la menstruación solo la afectaba relativamente, había un peligro aún mayor: su útero. Circulaba una cierta creencia sobre que los úteros eran algo más que órganos, casi como animalillos capaces de enfadarse, moverse y mordisquear o secar los órganos adyacentes. Por supuesto, no era una actividad sostenible en el tiempo y causaba una enfermedad cuyo nombre aún no hemos desterrado del imaginario colectivo: la histeria.

Por un lado, hay que decir que la mayoría de los médicos no estaban muy de acuerdo con esta teoría; por otro, no solo Platón la recogió en sus obras, sino que podemos encontrarla en algunos exvotos con formas animalizadas y, como hemos dicho, en el mismo imaginario colectivo. De hecho, podemos suponer que estaba tan extendida porque médicos como Sorano o Galeno, precisamente, se vieron en la necesidad de desmentirla. Si hubiera sido flor de un día, simplemente la hubieran ignorado en cualquiera de las acepciones que pueda tener esa palabra.

La histeria ha sido una enfermedad que, como el Proteo mitológico, podía cambiar de forma para adaptarse a los nuevos tiempos. De un útero errante pasó a una simple enfermedad o sofoco uterino, y de ahí a una enfermedad nerviosa en que se mezclaban los síntomas tradicionales como el coma o el sofoco con otros que pueden atribuirse a enfermedades como la epilepsia. Pasamos de eso a las conocidas teorías de Freud sobre el deseo y el inconsciente, y luego a una volubilidad por culpa de las hormonas. Al final, la enfermedad mantuvo ciertos aspectos comunes, como el movimiento, fuera de úteros, deseos u hormonas. Algunos autores, con buen tino, han destacado que la sociedad decimonónica vio nacer a los futuros psicólogos y psiquiatras, que necesitaron expandir su campo de acción y ocuparon una serie de espacios grises entre cordura y locura. Así, muchos malestares emocionales y enfermedades físicas quedaron bajo su mandato.[16]

Resulta curioso, o más bien significativo, que las mujeres con poder fueran mucho menos sensibles a estos diagnósticos, y que cuando dejó de ser una enfermedad asociada al útero se consideró que algunos hombres (nunca los poderosos) podían llegar a sufrir una dolencia parecida. Especialmente significativo fue el caso de John Radcliffe (el mismo que da nombre a la famosa biblioteca de Oxford), que tuvo que dejar su trabajo como médico al servicio de la reina tras decirle que su enfermedad era histeria. La reina quería un diagnóstico de algo físico, que correspondiera a sus síntomas, y su enfado fue sonado.[17]

Por supuesto, detrás de la histeria femenina hay un secreto poco sutil. Si el miedo es un buen método de control, aún lo son más cuestiones como la culpa o la ansiedad social. La solución ideal para las afecciones histéricas eran las

16. Novella, E. J. (2009), «De la historia de la psiquiatría a la historia de la subjetividad», en *Asclepio* 61(2), pp. 261-280.
17. Rousseau, G. S. (1993), «A Strange Pathology: Hysteria in the Early Modern World, 1500-1800», en S. Gilman, *et al.*, eds., *Hysteria Beyond Freud*, Berkeley, University of California Press, pp. 91-221.

relaciones sexuales, que daban una humedad tranquilizadora al pequeño y salvaje pececillo que habitaba en el vientre de las mujeres. Eso justificaba matrimonios y embarazos precoces, ya fuera por miedo (¿qué padres iban a querer que su hija sufriera de algo tan terrible?), o por mera justificación cínica (sí, puede que esos padres). También explicaba que las mujeres volvieran a casarse pronto, que no evitaran los embarazos y partos —que sí suponían un enorme riesgo físico y mental—, o que se despreciara a las ancianas como elementos secos y tendentes a la locura.

A lo largo del tiempo también se justificó la medicalización de un problema social. La incomodidad de las mujeres ante las desigualdades o lo que se consideraban sus deberes podía llevar a una visita a un médico y un tratamiento que rozaba o superaba la tortura. En el siglo XIX los tratamientos variaban desde el dejar aisladas e inmóviles a las «histéricas» durante semanas, sin que pudieran tener ninguna distracción, hasta histerectomías o ablaciones del clítoris. En algunos casos se encargaba al grupo el cuidado de la mujer «en crisis» hasta que se recuperara, impidiendo al resto de las mujeres continuar con sus actividades o comer durante ese tiempo. Se creaba así un ambiente de acoso y miedo a las mujeres que sufrían más ataques, y de hipervigilancia entre las supuestas compañeras.

No es un pasado tan lejano e incluso hoy algunas de las prácticas de la psiquiatría, sobre todo en los ingresos involuntarios, podrían ser calificadas como similares. La locura —o más bien el qué se considera locura— ha sido siempre un elemento de control social muy fuerte, de mantenimiento del orden por encima de la individualidad y la diversidad. La idea de locura ha escondido muchas veces la represión de la pobreza o la mendicidad y la estigmatización de ciertas adaptaciones sociales. La imagen de la «loca del desván» como contraposición al «ángel del hogar», la que gritaba su dolor físico y mental, la ignorada y encerrada, fue fundamental en el siglo XIX y, por alguna razón, sobre todo en la literatura femenina. Incluso en las épocas en que la locura se asociaba a la sabiduría o la inspiración divina, el loco y la loca quedaban aislados de la vida comunitaria. Fueran apestados o sagrados, el resultado era parecido.

Silencios, emociones y discursos

La naturaleza de la mujer, intermedia entre lo salvaje y lo civilizado, entre lo racional y lo emocional, entre lo terreno y lo divino, también le permitía encarnar el desafío al poder humano frente a las leyes divinas. Antígona, cuya historia podemos encontrar en la tragedia del mismo nombre de Sófocles, es el perfecto ejemplo de esta rebeldía. Sus dos hermanos habían batallado por el control de la ciudad de Tebas y ambos habían muerto. Sin embargo, sus destinos habían sido desiguales: mientras Eteocles había sido enterrado con todos los honores por Creonte, el nuevo rey, el otro hermano Polinices había sido condenado a una eternidad vagando, sin que su cuerpo pudiera ser enterrado. La diferencia, a ojos del rey, era que uno había muerto defendiendo la ciudad y el otro atacando. La sentencia, desde el punto de vista humano, era justa, pero Antígona invocaba un derecho más antiguo, más sagrado, el de la sangre. Así que, a escondidas, realizó los ritos funerarios por Polinices, su hermano. Descubierta, el rey la condenó a muerte, aunque se arrepintió rápidamente. Pero fue demasiado tarde para Antígona, que se había ahorcado. El orden, aunque de una manera trágica, se restauraba así, y ambos mundos, el humano y el divino, se reconciliaban sobre la muerte de una mujer.

Cuando en diciembre de 1943 los nazis decidieron ejecutar a toda la población masculina de Kalávrita, en Grecia, y encerrar a las mujeres y niños, resonó un lamento en el país. Cuando ellas lograron escapar de la escuela en que las habían encerrado, a la que habían prendido fuego, y arriesgaron su vida para intentar enterrar a los suyos, el eco de Antígona también resonó en el país y en la historia. El vínculo entre ambas historias no pasó desapercibido y la escritora Charlotte Delbo, superviviente de los campos de concentración, dedicó una obra a la masacre, titulada justamente *Kalavrita des mille Antigone* (*Kalavrita de las mil Antígonas*).

Hegel o Luce Irigaray volvieron sobre la figura de Antígona. Para el primero era el símbolo del paso del matriarcado al patriarcado, de la ley femenina a la masculina, y para la segunda un símbolo antiautoritario, un grito contra el poder. Es vista como la prepolítica frente a la política, lo natural frente a la comunidad civilizada, el parentesco frente al Estado.[18] Se la resimboliza y resignifica como una fuerza de la naturaleza, mucho más allá del mito griego. En este el poder de oposición de la mujer, su invocación de un derecho natural, la viriliza, frente a un Creonte que se encuentra feminizado, débil ante la seguridad de Antígona. Por mucho que los dioses la respalden, el orden de género se transgrede cuando se invoca el lamento y el parentesco.

Judith Butler destacó en su obra *El grito de Antígona* que son precisamente ese lamento, esa palabra y esa afirmación mediante el lenguaje los que resultan contraculturales. Las mujeres que hablan son peligrosas, los hombres que callan ante ellas, débiles. **La voz de la mujer es un desafío al orden natural, social y sobrenatural.** El desafío de Antígona no está solo en enterrar a su hermano, sino en no negar el hecho y alzar su voz contra la de los hombres, por mucho que se le ofrezcan caminos para evitarlo.

El lamento femenino en el funeral se contrapone al discurso masculino. El lamento es irracional y conlleva un cierto grado de violencia que puede descontrolarse en cualquier momento. La muerte y la locura ocupan espacios muy similares en nuestro imaginario colectivo, con lugares comunes que se superponen y entrelazan. Las escenas medievales de las danzas de la muerte nos provocan el mismo desasosiego ante aquello que no podemos comprender ni controlar. Son espacios en que no solo se transgreden las fronteras de lo establecido, sino que se subvierten e invierten, se rompe el velo

18. Butler, J. (2001), *El grito de Antígona*, Barcelona, El Roure.

entre dos mundos en un instante que, quizá, si no se tiene cuidado, puede volverse eterno. Muerte y locura se mezclan en el momento del duelo femenino, destructor y furioso contra lo humano y lo divino.

Las ciudades tuvieron que controlar las expresiones de dolor en los funerales, que no solo eran una muestra del vínculo con la persona fallecida, sino también una demostración de poder frente a la comunidad, con plañideras de pago dispuestas a lesionarse y montar un espectáculo digno de los dioses por el precio adecuado. Solón, el legislador por excelencia en Atenas, limitó las formas de afrontar el duelo de las mujeres como primer paso para introducir el resto de las normas.[19] De hecho, no solo prohibió la figura de las plañideras, sino que incluso controló a las mujeres de las familias allegadas, al igual que luego, en Roma, la Ley de las XII Tablas también se encargó de presentar un duelo decente y controlado.[20] Ya sabían que lo personal es político, y los legisladores estaban más que dispuestos a controlarlo.

Los héroes cargados de *hybris* también gritan su duelo, así como los que se sitúan en una posición feminizada de inferioridad o descontrol. La furia de Aquiles se mezcla con su falta de templanza cuando la muerte de Patroclo acaba de desestabilizarle. A su vez, sus acciones provocan el

19. Plutarco, *Vida de Solón*, 12.
20. Calero Secall, I. (2012), «Los legisladores griegos y sus preceptos sobre las mujeres en los funerales», en *Revista de estudios histórico-jurídicos*, 34, pp. 37-51.

dolor profético de Príamo ante la muerte de su hijo, Héctor, un adelanto de la caída de toda la ciudad y la muerte de su linaje. Hécuba, ante el trágico final de su familia y su comunidad y la imposibilidad de gestionar el dolor, pierde su forma humana y acaba sus días prisionera y convertida en perra. Al fin y al cabo, el mundo de lo emocional es un terreno femenino y feminizado, una deriva peligrosa. Los héroes son, en la mentalidad del mundo clásico, admirados y temidos, pero también elementos que, de una forma u otra, se muestran ajenos a la vida en comunidad, aunque no a la vida de la comunidad. La *hybris* se contrapone a la moderación y el combate individual a las formaciones hoplíticas, en que lo realmente importante es presentarse como una sola unidad. La masculinidad excesiva se acerca a la feminidad, como forma contraria a la política de la ciudad y a su supervivencia.

Las mujeres pueden arañarse la cara o aullar su dolor, real o comprado, pero también dirigir esa violencia contra la comunidad. En estos casos, además, actúan como masa, no como individuos. El caso de las atenienses es significativo, en una historia en que se sitúan a medio camino entre la locura y la figura de las Erinias. En la guerra contra Egina Atenas sufrió un desastre militar especialmente duro, y tan solo un hoplita consiguió volver a su hogar. Las mujeres del resto de los soldados, enfurecidas, acabaron matándolo con las fíbulas con las que sujetaban sus vestidos mientras le preguntaban por sus compañeros. La vergüenza del superviviente, en este caso, se ve sobrepasada por la venganza de la ciudad, encarnada en las mujeres.[21] El castigo de los hombres, absurdo y desconcertante, en que les imponen un cambio de vestimenta también relata la impotencia de los hombres ante la pérdida de control social sobre lo que consideran sus inferiores.

No es un caso único. La venganza femenina, ajena a la justicia y el orden, da fin también a la tragedia *Hécuba*, de Eurípides. En ella, el personaje de Polimnéstor mata al hijo de Príamo y Hécuba, enviado fuera de Troya para evitarle el destino fatal de la ciudad. Las mujeres, furiosas, lo atraen a una trampa y luego, de nuevo como masa, asesinan a sus hijos pequeños y le obligan a mirar, y finalmente le quitan la vista también con los alfileres de sus ropas. Se queja el hombre, ciego y frustrado, ante Agamenón, de que ni el mar ni la tierra conocen raza tal, aunque toda la escena se sitúa tras la caída de la ciudad, y de que ni la sombra sagrada de los altares han librado a la ciudad de los asesinatos y las violaciones, cuando él mismo había roto las más sagradas leyes de hospitalidad.

En ocasiones, la violencia podía ser solo masculina, pero como una especie de deformación persistente y monstruosa. Así, Heródoto nos cuenta que los atenienses decidieron apedrear a un ciudadano que había propuesto renunciar a su libertad frente a los persas en la Asamblea. Las mujeres no quisieron ser menos y, como reacción, lapidaron también a la mujer y a los hijos del personaje. El relato no deja de ser significativo, porque mientras los hombres perdonan al mensajero y solo matan a quien ha actuado como un traidor, las

21. Heródoto, V, 87.

mujeres actúan como una marabunta y vuelcan su ira sobre toda persona relacionada, mientras se dan valor las unas a las otras, impidiendo que alguna decida detenerse.

De nuevo, como Antígona, las mujeres representan una prepolítica ante la política, unas normas alternativas que no aceptan la pasividad que se les impone, pero también una voz incivilizada que se opone al orden establecido y es capaz de destrozarlo o pervertirlo.

Aquí hay que hacer un inciso. Las emociones parecen, quizá, lo más natural en nuestra existencia. Sus expresiones son incluso físicas, y es complicado controlarlas. Sin embargo, como con el sexo o la comida, las emociones están atravesadas por la cultura, sobre todo en cómo las expresamos o en cuáles se nos permiten. Las emociones, como hemos visto, estaban y están vetadas a los hombres —salvo la rabia— y se permiten en las mujeres mientras no lleguen a ella a través de otras, como el dolor o la lujuria. También se veta la palabra a la mujer, sobre todo la palabra pública, así como un lenguaje determinado. El lamento es solo una parte, a la mujer tampoco se le permiten las órdenes o los insultos. De hecho, aún hoy existe una tendencia en las mujeres a usar órdenes indirectas y preguntas de validación. «Hace frío», dirán, en vez de «cierra la ventana». «Quizá podríamos hacer esto», propondrán en una reunión de trabajo, aunque sean las jefas. «Lávate la boca con jabón», mientras se ríe la gracia a su hermano.[22]

22. Lakoff, R. (1981), *El lenguaje y el lugar de la mujer*, Barcelona, Editorial Hacer.

La imposición del silencio no solo se refuerza por los destinos trágicos de las mujeres que hablan, sino por la calificación misma de la palabra femenina, que, frente al discurso y la oratoria masculina, queda relegada a la clasificación como chismes o charleta. No pocos refranes, frases hechas y cuentos tienen como elemento principal el rumor o la maledicencia femenina, y los griegos del mundo clásico usaron la expresión «cháchara de vieja» para referirse a cualquier cuestión inútil.

Ahora bien, en realidad el miedo a la conversación femenina ocultaba el profundo conocimiento sobre cómo esos rumores y chismes eran usados como método de control social, tanto respecto a hombres como, sobre todo, frente a otras mujeres. En un mundo en el que la honra marcaba gran parte del prestigio y la agenda social, esos rumores o conversaciones adquirían un aspecto ominoso y se volvían un elemento muy efectivo para la destrucción y el aislamiento social.

Tanto las comedias como las tragedias y el resto de las fuentes nos intentan convencer continuamente de que la mejor mujer es la que calla, y que el silencio es un adorno femenino. San Pablo, en su primera Epístola a los corintios, nos recuerda la prohibición a la mujer de enseñar, es decir, de dirigirse a la comunidad con autoridad.[23] El autor romano Plauto, heredero de una larga tradición griega, hace afirmar a uno de sus personajes que «la mujer que calla es

23. 1 Cor. 14, 34-35, pero también en 1 Tim. 2, 12.

mejor que la que habla».[24] En su obra *Aulularia* una de las protagonistas, Eunomia, dice que sabe «que a las mujeres se nos tiene por insoportables: todas tenemos fama de auténticas cotorras, y con razón; por algo dicen que nunca jamás se ha encontrado una sola mujer muda»,[25] y en el *Miles gloriosus*, Periplectómeno, para justificar por qué no se ha casado, dice que «gracias a los dioses, mi fortuna me hubiera permitido tomar por esposa a una mujer ricamente dotada, del más alto linaje. Pero no quiero meter en mi casa a una perra que me esté ladrando todo el día».[26] De nuevo, como Hécuba, la mujer que habla es una perra que ladra, porque la palabra femenina apenas era considerada como tal.

Así, la mujer que habla es peligrosa por naturaleza, no solo cuando su palabra se alza y reclama un espacio masculino; cuando, como Antígona, presenta una queja y una autoridad, o cuando, como en el caso de los lamentos, deriva en violencia. La misma esencia del lenguaje femenino se presenta como una perversión en el mundo clásico. Lo peor es que este es uno de los elementos que más se ha mantenido. La Iglesia católica, por ejemplo, ya en la década de 1970 insistía en la necesidad del silencio femenino en la asamblea. Cuando lo contrapuso a otras costumbres más «superadas»

24. Plauto, *Rudens,* 1110.
25. Plauto, *Aulularia,* 120 y ss., en (2003) *Comedias,* I, José Román Bravo, ed., Madrid, Cátedra.
26. Plauto, *Miles gloriosus,* 680 y ss., en (1995) *Comedias,* II, José Román Bravo, ed., Madrid, Cátedra.

se vio en la necesidad de asegurar que, a diferencia del velo, esta prohibición era «natural».

> *La prohibición impuesta por el apóstol a las mujeres de «hablar» en la asamblea (cfr. 1 Cor. 14, 34-35; 1 Tim. 2, 12) es de otro tipo [frente a las prescripciones calificadas de culturales]. Los exegetas, sin embargo, precisan así el sentido de la prohibición: Pablo no se opone absolutamente al derecho, que reconoce por lo demás a las mujeres, de profetizar en la asamblea (cfr. 1 Cor. 11, 5); la prohibición se refiere únicamente a la función oficial de enseñar en la asamblea. Para san Pablo esta prohibición está ligada al plan divino de la creación (cfr. 1 Cor. 11, 17; Gen. 2, 18-24): difícilmente podría verse ahí la expresión de un dato cultural.*[27]

Eso sí, mientras el paternalismo puede ser sutil, a veces las fuentes eran más evidentes con las consecuencias de la palabra femenina. Lisístrata, en la obra de Aristófanes, nos cuenta cómo las mujeres querían saber de los cambios políticos en la ciudad y en qué les afectaba, pero solo podían obtener la información de sus maridos, no siempre bien dispuestos. «Entonces, sufriendo por dentro, os preguntábamos sonriendo:

27. Sagrada Congregación para la Doctrina de la Fe, *Inter insigniores*, Roma, 1976.

“¿Qué habéis decidido añadir a la estela sobre la paz en la Asamblea hoy?”. “¿Y a ti qué?”, decía el marido. “¿No vas a callarte?”. Y yo me callaba». Pero el hombre añade, ante una mujer insistente: «Habrías llorado, si no te callabas».[28] El silencio no solo se imponía mediante el chantaje o la moralidad, la violencia física siempre era una amenaza creíble.

Ahora paremos un segundo a pensar por qué se alejaba a la mujer de la oratoria y la retórica, por qué se castigaba su palabra, por qué se le impedía hablar a la comunidad e incluso dentro de casa. La buena mujer no se quejaba, obedecía, servía en silencio y no cuestionaba a los hombres que le decían qué tenía que hacer. La dulzura opuesta a la palabra, el silencio como adorno... mientras el hombre decidía sobre sus vidas, sus cuerpos y sus mentes. Pensemos también en cuántas veces se oye, en la actualidad, un «sonríe, mujer» cuando esta ha demostrado su enfado o no está de humor para tonterías; cuántas veces los «cotilleos» se han calificado de femeninos, mientras que las reuniones de hombres para poner verde a otro son serias tertulias enormemente importantes. Cuántas veces se ha alzado una queja sobre que ya no se va a poder decir nada cuando las mujeres (u otros grupos a los que se ha silenciado) alzan su voz para quejarse de lo que consideran molesto o violento.

La peligrosa perra que ladraba en la puerta de casa solo era una mujer que lamentaba la muerte de sus hijos o que quería que alguien la escuchase cuando expresaba su opinión.

28. Aristófanes, *Lisístrata*, 515.

Sus lamentos, como aullidos en la noche, solo se percibían como amenazas, pero nadie quiso saber qué significaban.

La niña

«¿Cómo va a dar miedo una niña?», nos preguntaremos, pero la respuesta, que parecería obvia, no lo es tanto. **La edad de la inocencia es la edad, también, de lo salvaje, de lo que se sale de la civilización y lo racional.** Hay pocas cosas que den más miedo en una película de terror que una niña, con su camisón, mirándote fijamente. No hay NADA que dé más miedo que una niña.

La naturaleza, no solo la de la mujer, era algo que, en el fondo, aterrorizaba a griegos y romanos. Era la muestra clara de todo lo que se salía de su control, y si algo han querido los hombres (y aquí es un masculino genérico y no genérico a la vez) es tener el control de su entorno. Es normal, eso supone también una parte de no querer morir de hambre, porque te coma un león o te caiga un rayo. No queremos tsunamis, pero la naturaleza se empeña en demostrar que la sensación de control es una mera fantasía. Y ahí surgen las leyendas.

Ártemis/Diana era una diosa terrible y salvaje. Capaz de hacer que te devoraran tus propios perros tras convertirte en ciervo, solo porque la habías visto desnuda sin querer. Una diosa de la naturaleza incontrolable, por mucho que la hayamos «domesticado» como diosa de la caza. Y como naturaleza incontrolable también era una diosa de la infancia y, sobre todo, de las niñas.

El vocabulario referido al género en latín, por ejemplo, continuamente se refiere a las mujeres vinculándolas con la tierra, mientras que el pene se asocia al arado. **La mujer es el terreno que, bien trabajado y domado, puede ser fértil y garantizar la supervivencia,** pero ¡ay! si no se logra ese trabajo. Ese es el dominio de Ártemis, un lugar donde tras cada arbusto hay un predador, un barranco, una planta venenosa. Y las niñas eran esas mujeres que aún no lo eran, las que aún no habían pasado por la domesticación del matrimonio.

Las niñas eran seres salvajes y sin miedo, sin las cortapisas de un mundo que quería cortarles las alas. En Atenas hacían de osas en el templo de la diosa. Incluso un bebé podía ser peligroso. Cuando Calígula fue asesinado junto con él cayeron su esposa, Cesonia, y su hija, Julia Drusila. Como incluso para los romanos matar a una niña pequeña en una conspiración quedaba un poco excesivo —sobre todo si vendías dicha conspiración como una lucha por la libertad y contra un tirano que asesinaba sin razón—, las fuentes tuvieron que volver a crear monstruos. A Cesonia, la esposa del emperador, Suetonio la calificaba de monstruo de lujuria y lascivia, o la presentaba como un marimacho a caballo junto a su marido, armada como un hombre. A la pequeña, apenas un bebé, nos la muestran arañando a otros niños mientras jugaba, con rabia y maldad, como un presagio de la herencia de su padre, una mujer violenta ya desde la cuna, un peligro que había que eliminar, un pequeño demonio en forma infantil. Sabemos que la niña era muy pequeña porque las fuentes nos cuentan que la mataron estampándola contra la pared; pudieron cogerla, simplemente, y reventar su cabecita contra el muro más cercano. Pero aun así nos vendieron en las fuentes que su asesinato estaba justificado, porque no mataban a una niña, sino a un Calígula en miniatura. Lo repito, porque a veces simplemente pasamos por encima de un párrafo sin pararnos a pensar qué estamos leyendo realmente, igual que pasamos delante de un cuadro sobre una batalla o una violación y solo pensamos que es bonito el uso de la luz.

Si, en cambio, nos horrorizamos ante estas historias, quizá lo hagamos más ante la conciencia de qué pasaba en las guerras... o en la vida cotidiana. Quizá el mayor peligro que se percibía en un bebé, en general, o en una niña, en particular, era el económico. Ese miedo se expresaba de una forma más sutil, o ni siquiera se expresaba, pero era el principal motivo de una violencia que resultaba, en muchos casos, letal. Al fin y al cabo, una niña era, para muchas familias, solo una moneda de cambio, un activo al que tenías que alimentar para otra familia, confiando en que otras familias alimentarían al que entraría en tu casa en forma de esposa. Pero la confianza en una solidaridad comunitaria cuadraba mal con los intereses personales de cada familia, que quería disgregar su patrimonio lo menos posible y que este se quedara dentro del núcleo propio. La solución sencilla era, simplemente, eliminar a las niñas cuando nacían.

La griega y la romana eran sociedades que permitían en

gran parte el infanticidio si quien lo decidía era el cabeza de familia. Si alguna vez habéis oído la frase de que el aborto sería legal si quienes tuvieran que abortar fueran los hombres, estas sociedades son vuestra confirmación en este sentido. No era algo que se llevara con vergüenza, simplemente se aceptaba. Se aceptaba como normal que una madre primeriza llorara desesperada cuando le arrancaban a su bebé de los brazos para abandonarlo sabe Dios en qué basurero, como contaba Platón sin un asomo de lástima y con bastante reproche por esas lágrimas. Se aceptaba como normal que, en una carta, un padre diese instrucciones a su mujer embarazada para el parto y ordenase abandonar al bebé si resultaba ser una niña. Se aceptaba como normal una legislación como la de las XII Tablas, que decía a las familias que debían conservar a todos los hijos varones (aunque se podían abandonar, en realidad, tras un consejo familiar), pero que solo tenían que conservar a la primera hija; las siguientes podían ser expuestas en cualquier acera fría sin tener que consultar con nadie. También se aceptaban los basureros de bebés y hemos encontrado al menos dos fosas comunes de niños muy pequeños, una en Inglaterra y otra en Israel, probablemente asociadas a burdeles, aunque, en este caso, predominan más los niños, porque una niña era más fácil de usar sexualmente y desde una edad muy temprana. Era normal que un poeta dijese que hasta los más pobres conservaban a los hijos, pero hasta los más ricos abandonaban a las niñas.[29] Pensadlo cada vez que hablemos

29. Posidipo, en Edmonds, J. M. (1961), IIIA, fr. 11.

con orgullo de un pasado romano, que echemos toneladas de épica a las sociedades del mundo clásico o que pensemos que nos gustaría vivir en esa época. No es que fuésemos los pobres pringados que servían platos a latigazos o en los que se limpiaban las manos, es que la mayoría, directamente, no hubiéramos llegado a la edad necesaria para tener un libro en las manos.

Por otro lado, los niños pequeños, muertos antes de tiempo, de forma intencionada o no, no estaban dispuestos a partir suavemente. Sus espíritus no se conformaban con haber pasado tan poco tiempo sobre la tierra, a la luz del día, o haber muerto por una mano cruel. Así que, en vez de partir hacia otras tierras, se quedaban en esta, decididos a molestar a todo el que pudiesen. Se aparecían en forma de lémures y larvas, espíritus de los muertos que pedían venganza, que erraban frustrados y desesperados o que esperaban de los familiares una serie de rituales para apaciguarles.

Eran la contrapartida de los lares, los espíritus bondadosos de los antepasados famosos y nobles que cuidaban de la familia, vigilando por el bienestar de sus descendientes. Si es que hasta para ser fantasma hay clases. En las Lemuralia, unas fiestas celebradas a mediados de mayo, los vivos rendían cuentas con los muertos, y el *pater familias* acababa la festividad funesta paseando descalzo mientras arrojaba ofrendas de habas o judías negras. Estas simbolizaban el alma y por eso los pitagóricos evitaban comerlas, por lo que el simbolismo era aún más siniestro. En estas celebraciones, nocturnas y silenciosas, las sombras recogían las ofrendas y volvían a dormir hasta el año siguiente, y en ella se invocaba también a los Manes. Está bien que los antepasados cuiden de ti, pero que no se queden mucho tiempo a tu lado, respirándote en la oreja levemente. No es una buena idea.

Por cierto, sí, los lémures reciben su nombre de estos seres. Os preguntaréis por qué, si son bichos majísimos y peluditos, que meditan con la barriga al sol. Ahora pensad en la primera impresión si os los encontráis por la noche, sin apenas claridad, pequeños y huidizos, con la luz reflejándose en sus grandes ojos, que bailan en la noche sobre su pelaje negro y aullando en coro entre los árboles.

Las larvas eran aún peores que los lémures, errantes en busca de algo que las calmara, que podían llegar a ocupar cuerpos ajenos, consumiéndolos. Los suicidas, delincuentes e insepultos, como los muertos prematuros, eran carne de fantasma, y los niños muertos cumplían muchas de las características básicas. De ahí que encontremos, en algunas ocasiones, tumbas infantiles tanto de esta época como posteriores, en que se entierra a las criaturas boca abajo, se les clava el cráneo al sarcófago o se les ponen encima pesadas piedras en las piernas o la cabeza.

Son rituales que se repiten a lo largo del imperio, desde las necrópolis de Mérida, Córdoba o Mallorca, hasta las de Cabasse (Var, Francia), Suceava (Rumanía) o Poggio Gramignano (Italia). Incluso hay pervivencias medievales, como la de la necrópolis de Sant Miquel de Vall, en Cataluña.[30] En

30. Sevilla Conde, A. (2014), *Funnus Hispaniense. Espacios, usos y cos-*

un mundo en que, muchas veces, las criaturas más pequeñas eran enterradas bajo el hogar o bajo los aleros de las casas, por mucho que fuera una expresión de cariño y se llevaran consigo sus juguetes preferidos, quizá pensar en pequeños cuerpecillos rascando la tierra para salir por la noche a rastras no era la mejor imagen del mundo. **El miedo es universal.**

A veces, también se usaba esta potencia de otras formas, que, quizá, debieran estremecernos más que las historias de pequeños fantasmas rondadores. Sobre todo porque en estas no hay duda alguna de la realidad del hecho. Es el caso del sacrificio humano de niños pequeños, o, al menos, el enterramiento ritual de los mismos como ofrenda religiosa.

Así, dos ejemplos en torno al siglo I de nuestra era nos hablan de la posibilidad de estas ceremonias. En Carmona (Sevilla) se encontraron cinco enterramientos infantiles en una zanja de cimentación de un edificio, y en Hort de Morand (Denia, Alicante) aparecieron ocho enterramientos infantiles asociados a la cimentación de un complejo de edificios en el sector portuario. Se pueden citar paralelos de este tipo de enterramiento rituales en sitios como Kent o Springhead,

---

tumbres funerarias en la Hispania Romana, Oxford, BAR, pp. 192 y ss; «Morir ante suum diem. La infancia en Roma a través de la muerte», en Justel, D. (2012), *Niños en la Antigüedad. Estudios sobre la infancia en el Mediterráneo antiguo*, Zaragoza, Prensas Universitarias de Zaragoza, pp. 199-233; S. Alfayé (2009), «Sit tibi terra gravis. Magical-Religious Practices Against Restless Dead in the Ancient World», en F. Marco Simón; F. Pina Polo y J. Remesal Rodríguez, eds., *Formae mortis: el tránsito de la vida a la muerte en las sociedades antiguas*, Barcelona, Universidad de Barcelona, pp. 181-216.

en Inglaterra. También se hallan similares en costumbres modernas, como la tradición griega de rociar con sangre de gallo o cordero la primera piedra de un edificio.[31] Aunque queramos pensar que no los mataron específicamente para inaugurar la construcción (de esperanzas también se vive), tenemos asimismo otro caso de sacrificio de bebés en el mundo clásico, el de aquellos que, por la circunstancia que fuera, se consideraban una señal de los dioses. Bien un problema físico grave, casos de siameses… o partos múltiples.

Por cierto, las fiestas de las Lemuralia contaminaban, en cierto modo, todo el mes, que se volvía de mal augurio para otras celebraciones, como las bodas. Ovidio decía en sus fastos que «esta época no es apropiada para las antorchas nupciales de viuda o de doncella: la que se casa no dura mucho. Por la misma razón, si te dicen algo los proverbios, afirma la gente que las malas mujeres se casan en mayo».[32] Por alguna razón, entre fantasmas callados y larvas hambrientas, las malas volvían a ser las mujeres.

31. Sevilla Conde, A. (2014), *Funnus Hispaniense. Espacios, usos y costumbres funerarias en la Hispania Romana*, Oxford, BAR, pp. 191-192.
32. Ovidio, *Fastos*, V, 485 y ss.

2
El poder

La mujer que pudo reinar

Si las mujeres eran concebidas como peligrosas, volubles y venenosas por naturaleza, estaba justificado su sometimiento a los hombres, civilizadores por definición. Así pues, una mujer con poder no solo contravenía, en cierta forma, las leyes naturales, sino que resultaba un peligro para toda la comunidad.

El pasado áureo

Podemos tener un indicio bastante fiable del momento en que los romanos realmente empezaron a recopilar recuerdos y archivos de su historia, más allá de una serie de relatos, ideas generales y prejuicios, cuando dejaron de contarnos los cambios de época con violaciones. ¿El origen de Roma? La violación de Rea Silvia por Marte (con el consiguiente nacimiento de Rómulo y Remo) y el rapto de las sabinas. ¿El final de la monarquía? La violación de Lucrecia. ¿El final del decenvirato? El intento de violación y muerte de Virginia. Luego, de repente, empezaron a matarse por cosas tan banales como una disputa por el gobierno entre dos hombres o facciones.

Aunque nos parezca un poco obsesivo, esto tenía su explicación y su razón de ser porque, al final, la mujer simbolizaba el honor familiar y comunitario y la violación representaba la forma última de conflicto.

Sin embargo, este pasado dorado de mujeres castas como Lucrecia, de mujeres que representan una masa como las sabinas o de hijas abnegadas como Virginia, también sirvió a los romanos para establecer **un modelo femenino inalcanzable y brumoso, de normas contradictorias y ambiguas, que puso realmente complicado a sus contemporáneas el ajustarse a él.** Nunca se puede llegar a ser como esa figura que te has inventado y sobre la que has cargado todas las virtudes que se te han ocurrido. Es como pedir a las mujeres que se parezcan a las modelos de las portadas de las revistas, cuando ni las modelos mismas se parecen porque han sido sometidas a operaciones, días de preparación y capas infinitas de Photoshop y maquillaje. Una portada, además, en que se patrocinan dietas adelgazantes a la vez que se explican recetas de bizcochos, y en la que se insta a las mujeres a subir su autoestima a la vez que se dan consejos para disimular esos defectos tan terribles que seguro que tienen.

La ansiedad social que se deriva de la creación de modelos imposibles y contramodelos contradictorios no es una consecuencia nefasta de una sociedad mal planificada, sino de un mecanismo, ya sea consciente o inconsciente, refinado y depurado a lo largo del tiempo para controlar a una parte de la sociedad. La inversión de tiempo y esfuerzo que se gastan en intentar ajustarse a un imposible no se emplea en otros fines. En esta línea cobra sentido la expresión de que «ya no hay mujeres como las de antes». Ninguna será como tu abuela, que se levantaba a las cinco, hacía todas las labores de la granja, preparaba la comida, recogía a los nietos del cole y «mandaba» en tu casa porque manejaba el dinero para ir a la compra, mientras el abuelo se iba de chatos de vino y decía que él no sabía. Ninguna será tan guapa, ni vestirá tan bien, ni se quejará tan poco, ni aguantará tanto, ni sacará tanto adelante con tan poco. Afortunadamente, diríamos, porque el mito del «matriarcado» no solo no responde a una realidad en ninguna sociedad, sino que cuando se ha hablado de matriarcados modernos, con mujeres que controlaban la vida familiar, normalmente se ocultaba una explotación infinita.

Pero ¿cómo que no ha habido matriarcados si todo el mundo ha oído hablar de ello? De esas sociedades primitivas y felices en que el poder de la madre sostenía la naturaleza, el equilibrio y la paz. Pues no, no han existido, y esa idea moderna nos viene, precisamente, de griegos y romanos, que reelaboraron un pasado remoto de mujeres que emplearon mal su dominio. En el fondo, de alguna forma tenían que justificar que las mujeres estuvieran excluidas del poder, las magistraturas y todo cargo que tuviera capacidad de gestión sobre la ciudad. La ciencia y su concepto de una mujer débil y tonta estaban muy bien, pero cuando en la realidad cotidiana tenías a mujeres gestionando patrimonios y negocios, eso se te desmoronaba un poco. Ya dijo el jurista Gayo, en el siglo II e.c., que era bastante absurdo justificar la incapacidad de tutelarse a sí mismas de las mujeres con razones como la levedad de su ánimo. Nos lo podemos imaginar agitando una mano hacia su interlocutor y diciendo que, por favor, seamos serios.

Así que la religión también puso su granito de arena. Los mitos relacionados con un poder femenino fallido poblaron el mundo. En Atenas fue una diosa, Atenea, la que ejerció su patronato sobre la ciudad, porque las mujeres habían tenido capacidad de voto y, en ese momento, eran una más que los hombres. No es que estuviesen disgustados con la elección, decían los hombres, es que Poseidón, el otro en disputa, se había enfadado mucho y algo había que hacer. Así que las mujeres se quedaron sin voto por ello. La historia tiene fallos argumentales, pero les valía.

Muchos siglos más tarde un alemán, Bachofen, leyó estas historias, junto con las de pueblos gobernados por mujeres como las amazonas. También estudió a las grandes diosas madres y las *Potnia Theron*, las señoras de las bestias. En Micenas, al fin y al cabo, la misma puerta está presidida por un betilo (un pilar sagrado, asociado a una deidad femenina), guardado por dos felinos. Eso tenía que indicar algo, pensó. Y, efectivamente, se creyó a pies juntillas el relato. La historia, además, se concebía como una evolución hacia un progreso siempre creciente de civilización, razón y luminosidad, por lo que tenía sentido que un primitivo matriarcado, nada civilizado ni razonable, diera paso a una civilización masculina, dominada por el matrimonio y el poder de los hombres. El caso es que, aunque Engels usó esta teoría en sus estudios sobre la propiedad privada, la familia y el surgimiento del Estado (en el libro del mismo nombre), la teoría tampoco tuvo un éxito espectacular.

Fue años más tarde cuando, de la propaganda crítica y feroz de las fuentes al poder femenino y la construcción alemana de una sociedad negativa que avanzaba a otra positiva, nació una resignificación por parte del feminismo. El matriarcado lo tenía todo, hablaba de que el poder masculino no era universal, aludía a una sociedad pacífica, a la posibilidad de un poder femenino, a diosas y naturaleza. Así que la vuelta de tuerca de investigadoras como Marija Gimbutas reflotaron la idea del matriarcado. Y de esos polvos estos lodos.

Por supuesto, además del asunto del matriarcado, todo buen modelo tiene que ir acompañado de su contramodelo, esos ejemplos de mujeres malvadas, estúpidas o traicioneras cuyas historias, a ser posible, acaban fatal y sirven de escarmiento y advertencia. Igual que Lucrecia prefirió morir a sobrevivir a la pérdida de honor que suponía una violación, y exclamó explícitamente que ese debía ser el final de toda mujer que pasara por sus mismas circunstancias, Tarpeya tampoco sobrevivió a su traición... o a su estupidez, que tan mala es una cosa como la otra.

Tito Livio nos cuenta la historia de esta muchacha,[33] que fue sorprendida por los sabinos a las afueras de Roma y convencida o sobornada para que les abriera la puerta de la ciudad. Una vez allí Tarpeya acabó muerta, aplastada por los escudos de aquellos por quienes había traicionado a los suyos. Una de las versiones, dice Livio, narraba que había pedido a los atacantes lo que llevaban en su brazo izquierdo, en referencia a los brazaletes de oro, pero recibió en cambio los escudos hasta morir aplastada y a golpes, en la versión sabina de «Roma no paga a traidores». Recordemos, en cualquier caso, que los sabinos atacaron a los romanos porque estos, rompiendo con la sagrada hospitalidad, les habían tendido una trampa, echado a palos de unos espectáculos y robado a sus mujeres. Igual culpar a Tarpeya por su traición con esos antecedentes es un pelín de doble rasero. Pero también tenía que quedar claro que las normas de los hombres no regían para las mujeres. La muchacha no solo acabó aplastada, sino que fue lanzada desde una roca que tomó su nombre y sirvió desde entonces para ejecutar a los traidores. Los finales de los contramodelos no solo deben ser humillantes, sino construir lugares de memoria de los mismos. De hecho, podemos encontrar representaciones de su castigo salpicando la iconografía romana, en monedas y relieves. Sin embargo, existe otra versión, que ya aparecía en Livio mencionada pero que encontramos desarrollada en Dionisio de Halicarnaso (II, 38 y ss). Una versión que deja

33. Tácito, *Anales*, I, 11.

a los romanos y las mujeres un poco mejor en cuanto a lealtades, pero bastante mal en cuanto a astucia. En esta, la muchacha manda un mensajero a avisar a Rómulo, que se halla combatiendo fuera de la ciudad, para que acuda a emboscar a los sabinos, a los que entregaría sin posibilidad de defensa. El fallo está tanto en la desaparición del mensajero como en una petición directa a los sabinos de sus escudos. Estos cumplen su promesa, pero con tal fuerza que la muchacha acaba muriendo.

En esta historia la roca Tarpeya se convierte en lugar de rituales anuales de recuerdo a su homónima, pero Dionisio no parece muy convencido y añade una coletilla afirmando que es solo lo que ha leído en un autor llamado Pisón. No es capaz de dar una respuesta concreta ni al sentido de la historia ni al de las libaciones. La roca Tarpeya no acabó siendo como muchas de las calles actuales, que se convierten en un nombre sin trasfondo en el que solo piensas de vez en cuando, en ese momento aburrido en que esperas a un amigo y te planteas quién demonios sería el señor que da nombre al sitio. El único problema es que no parece muy claro cuál de las memorias tenía que conservarse y que debía de ser algo confuso incluso para los propios romanos. En el fondo la memoria es un elemento variable y cargado de significados mutables, que no implica necesariamente el recuerdo verídico y exacto de los hechos sucedidos, sino un lugar de encuentro simbólico de una comunidad.

Conspiradoras e intrigantes

El mundo clásico tenía claro que las mujeres y el poder debían mantenerse alejados entre sí. Si bien en el capítulo siguiente veremos cómo se construyeron las imágenes de las mujeres poderosas adúlteras o *femmes fatales* que tanto han plagado nuestra imaginación y nuestro cine, ahora vamos a hablar de otras, más castas y más peligrosas. De las intrigantes, de las avaras de un poder negado, de las dispuestas a jugárselo todo a una carta. Y quien dice a una carta normalmente dice a un hijo.

Quizá el ejemplo perfecto sea el de Livia, que jugó a ser la matrona ideal, aunque la vida se lo puso complicado. De hecho, no acabó siendo simpática para casi nadie, pese a que se convirtió en una diosa, habitante impávida de los templos, que recibía ofrendas de un extremo al otro del imperio conocido. Las fuentes tienen una más que ambigua relación con su figura, que es la que ha pasado a nuestro imaginario colectivo. Es la Livia de *Yo, Claudio*, por ejemplo, tanto de las novelas de Graves como de la serie de la BBC, creada por Jack Pullman y que se emitió por primera vez en 1976. El éxito de estos productos culturales, más allá de su mero alcance inicial, resulta significativo. Ha marcado la idea que han tenido generaciones acerca de lo que fue la familia imperial Julio-Claudia y sus protagonistas en el inicio del imperio. Un Augusto bonachón y algo ingenuo, una Livia intrigante y envenenadora, una Julia despreocupada y adúltera, un Claudio buena gente y una Agripina viril asoman incluso en grupos y personas que jamás han visto la serie. La idea que se transmite en ella, de forma explícita, de que Augusto dominaba el mundo pero Livia dominaba a Augusto ha pervivido, suavizando una figura como la de Octavio, que, en realidad, debería resultarnos poco amable. Cuando este personaje emerge como villano la figura de Livia prácticamente desaparece, como en el caso de la serie *Roma*, de HBO, en que la representación femenina de la mala recae en Atia, la madre de Augusto, sin que nada lo respalde en las fuentes. De hecho, la serie contradice activamente la historiografía romana en su representación de las mujeres y, mientras las clásicas villanas prácticamente desaparecen —a excepción de Cleopatra—, las «buenas mujeres» se representan como sexualmente voraces e intrigantes.

Emma Southon, en su libro sobre Agripina, **comentaba que la ficción es tan potente como la verdad cuando ha pasado un tiempo y cuando la mentira sale redonda.** De hecho, las historias inventadas siempre suenan mucho mejor que las reales, porque pueden añadir o quitar lo que quieran. Lo ejemplificaba con un incidente en 2015 que acabó, como en un capítulo de *Black Mirror*, con David Cameron acusado de haber tenido relaciones sexuales con un cerdo.[34] Evidentemente era mentira y provenía de una historia de adolescencia, bastante turbia pero no tanto, con un cerdo asado en una cena. Pero daba igual. Lo mismo pasa con las historias que

34. Southon, E. (2019), *Agrippina. The Most Extraordinary Woman of the Roman World*, Londres, Nueva York, Pegasus Books, pp. 10 y ss.

nos cuentan las fuentes clásicas. De hecho, son tan perfectas que no cuesta nada que las ficciones literarias y audiovisuales sean igual de redondas. Lo tienen todo: sexo, intriga, muertes, al protagonista y a la villana, traiciones y pardillos.

De hecho, en la serie *Los Soprano*, la madre del protagonista, Tony Soprano, se llama Livia. Y no es casualidad, ni por el desarrollo del personaje, como una persona intrigante y astuta, ni en la intención. Hay un capítulo que se llamó justamente «Pax Romana», en el que el protagonista tiene que conseguir equilibrar la situación de luchas por el poder. No es extraño, teniendo en cuenta el continuo uso de un reclamado pasado romano en Estados Unidos. Quizá la mejor representación de una historia *à la Livia* venga de otra serie sin relación ninguna con Roma, que ni pretende tomar sus modelos: *Game of Thrones* (*Juego de tronos*). Sin embargo, en ella asoman los tópicos y personajes prototípicos de una forma tan clara que resulta sencillo hacer paralelos. La comparación clásica ha sido la de Joffrey con Calígula, en una representación de la que se ha destacado incluso el parecido físico del actor elegido con el personaje histórico. Sin embargo, aparece una representación doble, a modo de espejo, de Livia con la intrigante Cersei y la sufrida Sansa. Ambas se esfuerzan por cumplir un rol tradicional de esposa y madre, dentro de las reglas del juego; ambas sufren tantos vaivenes en las intrigas políticas ajenas que las usan como moneda de cambio que se endurecen. En realidad, aunque el relato nos impulse a percibir a una como villana y a la otra como heroína, sus historias se entrecruzan y resultan similares.

Por otro lado, también hay que decir que tanto Augusto como Livia han sido relativamente poco tratados en el cine de romanos clásico. El *peplum*, y sus antecedentes en las películas de los años veinte, estuvo más centrado en representar periodos en que pudieran situarse fácilmente las narraciones secundarias de apología del cristianismo, como la época de Nerón o la de la crucifixión, o bien en las figuras de las grandes villanas sexualizadas, como Cleopatra o Mesalina.[35]

En las emperatrices tardías, de época Severa, volvemos a encontrar esta construcción de la mujer poderosa como problemática, intentando ocupar espacios masculinos y que solo puede complementarse con hombres feminizados. Aunque son mucho menos conocidas y su espacio en el imaginario colectivo es casi nulo, merece la pena dedicarles unas líneas por la construcción de su imagen en el propio mundo antiguo, como un ejemplo del uso de estos espacios contradictorios. No podía concebirse un mundo en el que la autoridad y el poder fuera compartido entre géneros, por mucho que fueran capaces de concebir senados y asambleas. Las figuras de Julia Soemis y Julia Mesa aparecen como poderosas, participando en un Senado femenino y en la toma de decisiones de poder solo porque el emperador, Heliogábalo, aparece fuertemente feminizado. **El poder femenino solo podía ser**

35. Para un estudio sobre la recepción en los medios audiovisuales de las figuras de Augusto y Livia, por ejemplo, cf. Unceta Gómez, L. (2017), «Los inicios del Imperio romano en los formatos contemporáneos (II): Augustos de celuloide», en *Minerva. Revista de filología clásica*, 30, pp. 281-315.

concebido como una forma de debilidad masculina y decadencia social. Tendremos un capítulo entero para ver cómo esto se aplica también a los pueblos considerados bárbaros y a sus gobernantes.

La posición de personajes como Zenobia o Boudica era impensable en un mundo como el romano, que jamás dejó a una mujer gobernar como emperadora por derecho propio, con su nombre en las fuentes y monumentos. Incluso en los periodos de transición o en las épocas en que claramente las mujeres representaban la legitimidad sucesoria —como pasaba con los llamados *emperadores adoptivos* como Marco Aurelio—, seguían siendo un poder en la sombra, que tenía que valerse del matronazgo, mecenazgo, redes clientelares o el poder informal. Al final esta imagen de las mujeres poderosas intrigantes viene de la inevitable colisión de situaciones en una sociedad.

Las mujeres poderosas no solo tenían que enfrentarse a un mundo que las juzgaba como ambiciosas y desmedidas por jugar las mismas cartas que sus parientes varones, sino que su aparición, sistemáticamente, suponía una influencia negativa. Pocas veces las fuentes del mundo clásico presentaron a una mujer como una influencia positiva en los gobernantes, cuya virilidad dependía de imponerse sobre su ciudad y su familia. Un historiador del siglo XVIII, Jacques Roergas de Serviez, decidió escribir sobre las mujeres de la casa imperial. Nos puede sorprender, pese a las mil excusas del buen hombre sobre lo poco importante que podía parecer el tema, que alguien decidiese que la historia de las mujeres importaba en una fecha tan temprana. Sin embargo, el misterio se desvela cuando se lee el libro y se explicitan sus intenciones. ¿Interés por una mitad olvidada? Ni mucho menos. La causa real era advertir a los príncipes sobre las malvadas influencias de las mujeres de su entorno y las damas poderosas, para que pudieran evitar sus manipulaciones y tejemanejes.

Las mismas ideas moralizantes y tópicos misóginos se reprodujeron en la historia y la historiografía en los años y siglos siguientes. Solo en tiempos muy recientes, con el nacimiento de la historia de las mujeres contemporánea, la historia de género y el feminismo, a algüien se le ocurrió preguntarse si no nos estábamos tomando a Tácito y Suetonio demasiado en serio y si había alguna razón detrás de estos para niños ya crecidos.[36] Cabe preguntarse cómo se leerán en el futuro las narrativas de periódicos y programas del corazón, los *true crimes* y las alabanzas al poder, las novelas históricas y no tan históricas y los ensayos de distinto cariz. ¿Qué mitos y prejuicios nos echarán en cara? ¿Ante qué se sorprenderán? ¿Cómo mirarán nuestro tratamiento de las mujeres poderosas en la vida y la ficción?

36. Cid López, R. M. (2014), «Imágenes del poder femenino en la Roma antigua. Entre Livia y Agripina», en *Asparkía: investigació feminista*, 25, pp. 179-201.

Machorras y violentas

Podemos tener claro que el mundo clásico no veía bien lo de que un hombre tuviera características propias de lo que se consideraba femenino. Era como un paso atrás, como un descenso en la pendiente hacia la insignificancia. Pero ¿por qué iba a verse mal lo contrario? Al fin y al cabo, el que una mujer se virilizase era un ascenso en la escala trófica. Era pasar de ciervo a león. Aun así, esto podía valer en algunos casos, en que la mujer virilizada jugaba a favor de su sistema social, pero en el resto solo era unir la transgresión y la violencia al peligro de la naturaleza femenina. Quizá sea aún más fácil: lo que hacía perdonable la transgresión a los roles, identidades y expresiones de género era situarse o no en el bando vencedor. Al fin y al cabo, ahí escribías tú la historia... o más bien te la escribían.

El ejemplo perfecto es el de Fulvia. Quizá os preguntaréis quién es Fulvia, y no sepáis que si alguien merece un recuerdo y una estatua en la plaza del pueblo es ella, pero perdió la guerra, así que solo le quedó un rincón en el olvido. Fulvia nació en una familia que, aunque no pasaba su mejor época en el tema político, era de rancio abolengo y tenía dinero. Mucho dinero, de hecho. También era una familia conectada, aunque de forma lejana y a través de la herencia materna, con los hermanos Graco, así como con la conjuración de Catilina. Todo en su legado familiar la conectaba con la facción popular en la política romana, es decir, con aquella que obtenía su capital político de una teórica defensa de las clases más populares —aunque, al final, todo quedara en familias ricas discutiendo entre ellas—. De su familia heredó la riqueza, las posiciones políticas y una cierta enemistad con Cicerón, que se burlaba y despreciaba a su padre. El resto lo hicieron ella y la historia.

Su primer marido fue Clodio —en realidad Claudio, pero se cambió el nombre para sonar más plebeyo—. Por lo visto, pese a que como casi todos los matrimonios en este estrato social fue algo apañado por la familia, la pareja funcionó bien. Cicerón decía que se les veía juntos continuamente en las calles y que actuaban como una unidad. La joven Fulvia aprendió cómo se creaban y manejaban las bandas armadas que se hacían pasar por asociaciones religiosas y cómo se controlaban las masas populares. Aprendió cómo se amañaban los juicios cuando su flamante marido salió impune tras haberse colado, disfrazado de mujer, en las festividades de la Bona Dea, una de las ceremonias fundamentales de la ciudad y en que no solo no se permitían hombres, sino tan siquiera animales machos o retratos masculinos. Pese a que le vio media Roma y que todo el mundo sabía lo que había pasado, el juicio se decantó, por lo que sea, a su favor.[37] Quedaron claras sus aptitudes para la política cuando su marido fue asesinado por un enemigo político y no solo volcó el juicio a su favor y en contra del defendido de Cicerón, sino que armó un revuelo gigantesco porque, en vez de llevar a cabo

37. Las cartas de Cicerón son bastante explícitas en que ese «por lo que sea» eran chantajes y sobornos.

un funeral civilizado, se usó la Curia a modo de enorme pira funeraria y estallaron disturbios en el Foro. Quizá esto nos suene de otro funeral posterior, el de César, quien, en contra de todas las leyes conocidas, fue quemado en el Foro y se instaló allí su tumba, a la que aún hoy la gente lleva flores. Lo organizó Marco Antonio, que en ese momento estaba casado con Fulvia. Está claro que su mano puede verse en toda la política de la época.

El segundo marido de Fulvia no duró mucho, y fue poco conocido salvo por montar teatros giratorios que se convertían en un anfiteatro; los sectores más conservadores se escandalizaron y argumentaron que aquello incumplía cualquier norma sobre seguridad y hasta el más elemental sentido común. No puede decirse que los maridos de Fulvia no fueran auténticos personajes en la época.

El tercero es el más conocido, Marco Antonio. De hecho, la hija que Fulvia había tenido con Clodio fue esencial en el pacto entre Antonio y Octavio (posteriormente Augusto, pero en ese momento un chaval con más aspiraciones que posibilidades). En las proscripciones (esas listas que se hacían de enemigos públicos, a los que cualquiera podía ejecutar sin juicio previo) que acordó el triunvirato la pareja consiguió que se ejecutara a Cicerón, aunque la escena narrada por las fuentes en que Fulvia clava sus agujas del pelo en la lengua del orador parece un pelín exagerada. Sin embargo, los pactos no salieron bien y el desenlace es más que conocido: Fulvia llevó la guerra contra Octavio en Italia, mientras su marido llevaba una vida feliz en Egipto con Cleopatra, ajeno a las cuestiones romanas. Perdió la guerra y acabó exiliada en Grecia, lugar en el que murió poco después. No era, eso sí, su primera experiencia en la guerra, ya que, en contra de la costumbre de la época, había acompañado a su marido en alguna de sus campañas y en la represión de las revueltas militares en Brindisi. Las fuentes nos dicen que la sangre de los soldados ejecutados salpicó su cara. Desde luego, no rehuía el conflicto.

El sentido común nos alerta de que no deberíamos haber olvidado a uno de los personajes fundamentales en las guerras civiles que precedieron al final de la República, una bisagra básica entre Marco Antonio y Augusto, a quien diseñó alguna de las estrategias de propaganda más conocidas de la época y estuvo implicada tanto en la muerte de Cicerón como en todos los episodios más importantes de la época. Una mujer a la que Augusto dedicó uno de los peores poemas, si juzgamos por la calidad, que se hayan escrito en la historia. Pero quizá el sentido común no es un buen indicador histórico.

Para las fuentes de la época no fue un personaje agradable, se la calificaba de violenta, se dijo de ella que era un hombre en todo menos en el cuerpo. Nadie quiso acordarse demasiado de Fulvia, mientras que sus enemigos, de Cicerón a Augusto, triunfaron y recibieron los brillos del oro y la historia. No era un personaje ejemplar ni un modelo que haya que seguir, pero tampoco un contramodelo efectivo, demasiado complejo y con demasiados episodios victoriosos.

Las series y películas también la condenaron al olvido. En

Yo, Claudio se menciona a Marco Antonio, pero no a Fulvia, muy alejada en el tiempo del periodo que se narraba. Lo de la serie *Roma*, de HBO y la BBC, de 2005, tiene más delito. Pese a que se sitúa justo en la época de Fulvia decidieron omitir al personaje, demasiado complejo. En realidad, redujeron a todos los personajes femeninos a prácticamente dos y Livia simplemente quedó caracterizada como una niña consentida sin apenas protagonismo.

Si miramos bien la historia de Fulvia fue también todo lo que se le pedía a una matrona ejemplar: casta, dedicada a sus maridos, fértil en todos sus matrimonios y siempre leal a su familia. Una madre dedicada que buscaba lo mejor para sus hijos y situarlos lo más alto posible, así como una mujer dispuesta a funcionar como elemento político. Quizá demasiado ejemplar, de modo que solo quedaba echarle en cara esa ejemplaridad para criticarla. Algo parecido pasó con Agripina la Menor.

¿Hemos dicho que los vencedores escriben la historia? Bueno, en el caso de Agripina la Menor esto es una cuestión compleja. De hecho, ella literalmente escribió su historia. Ahora preguntaos por qué no la hemos conservado mientras tenemos mil copias de las maledicencias de Suetonio, por ejemplo. Teníamos su versión de la historia, aunque probablemente no fuera mucho más agradable con su familia que la que conservamos de otros autores. Al fin y al cabo, la mitad de su familia había desterrado, asesinado o ejecutado a la otra mitad, había pasado épocas de auténtico terror y había tenido que tragar con una represión política enorme.

Pero si algo nos enseña la historia es que, **para convertir en inferiores o villanos a todo un grupo social, lo primero que hay que quitarles es su voz.**

Con Agripina pasaba como con Fulvia: poco adulterio o falta de castidad se le podía achacar. Como mucho, las faltas eran de sus parientes. Se la podía acusar de seducir a Claudio, pero a la hora de la verdad, quien tenía la potestad de casarse era él. También se la acusaría de no frenar a su hijo, pero, como ya hemos dicho, siendo justos la depravación sexual la ejercía, en todo caso, sobre Nerón. En ocasiones, de hecho, se la asocia a su primer marido, el padre de Nerón, con la argucia de igualarlos porque sí.

En su *Vida de Nerón*, Suetonio decía de él que era un estafador violento, que había matado a un niño a propósito arrollándole con el caballo o a un liberto por no beber lo suficiente. Cualquiera pensaría que está claro que Agripina solo podía ser una víctima en ese caso, pero por pura asociación con estos hombres se la convierte en villana. Suetonio la describe como «imperiosa y violenta»; Tácito reconoce la «honestidad de sus costumbres», pero critica su afán por el oro y la servidumbre que impuso a Roma «como impuesta por un hombre» y dice que era «terrible en sus odios»; Dion Casio dice que era «bastante inteligente» pero implacable en el ejercicio del poder, y la califica como segunda Mesalina, pero más por los tejemanejes que por la sexualidad.[38] Este

38. Suetonio, *Vida de Nerón*, 28; Tácito, *Anales*, XII, 6; 7; 22; Dion Casio, 60 (61), 32.

último es quizá el que más detalles nos da de lo que verdaderamente enfadaba a los autores romanos: su capacidad para ejercer el gobierno, recibiendo embajadas o participando en las decisiones de gobierno.

Emma Southon, comenta en la introducción de su libro sobre Agripina que en muchas historias actuales, sobre todo relacionadas con la política, los rumores se convierten en bromas y se repiten porque a uno le cuadran o le gustaría que fueran verdad; y poco a poco, con el paso del tiempo, se convierten en algo que todo el mundo asocia con los Hechos o la Verdad, ambos con mayúsculas. También nos recuerda que Agripina solo aparece en la historia cuando se relaciona con un hombre. Al final, **las mujeres peligrosas no lo son por discutir entre ellas o hacer «cosas de mujeres», sino por su relación con los pobres hombres a los que manipulan o las crisis políticas que les causan o causan a través de ellos.**

Hay que darle crédito a Agripina la Menor. No solo aceptó que su hijo la matara con tal de que gobernara, como le dijo al oráculo, como forma de gobernar ella misma o de transmitirse en el poder, sino que se vengó igualmente. Las fuentes nos cuentan que su fantasma atormentó a su hijo. Suetonio dice que a Nerón le perseguía por todas partes la imagen de su madre y que tuvo miedo de rendir culto en Eleusis, que prohibía la entrada a criminales o impíos. Dion Casio también recoge las pesadillas y presagios que atormentaban al emperador por culpa de la muerte de Agripina. Kavafis les dedicó, de hecho, un poema a estas pesadillas de Nerón, titulado «Los pasos», en que compara a Agripina con las Erinias. Los lares tiemblan porque «han escuchado un sonido terrible, / un sonido de muerte subiendo la escalera; / pasos de hierro que hacen templar los peldaños».

El fantasma de Agripina aparece también como un personaje en una tragedia de Séneca (o no, pues su atribución es dudosa), y advierte a Popea del carácter de su hijo... un pelín resentida por eso del asesinato. Aunque aquí, todo sea dicho, el fantasma se pasa la mitad del tiempo atormentando a los vivos y la mitad huyendo del fantasma de Claudio, que la atormenta a ella.

El destino también fue caprichoso con Nerón mediante la venganza de otra mujer muerta. Suetonio nos cuenta que murió el mismo día que él había hecho ejecutar a Octavia, su primera esposa, a la que acusó falsamente de adulterio. Ya se le había aparecido como un fantasma en sueños, arrastrándole a las tinieblas desde un barco. El historiador nos muestra a Nerón, en su última representación, augurando su propia muerte, un último presagio, justamente a través de un primer verso: «Madre, esposa, parientes, todos quieren que yo perezca». Las mujeres podían ser peligrosas incluso muertas.

Quizá el otro gran caso de mujer violenta fue Clitemnestra, esposa y asesina de Agamenón. La conocemos sobre todo por las tragedias tanto de Esquilo como de Eurípides y Sófocles, ligada a la tormenta de asesinatos y venganzas familiares que implicaban a sus hijos. Así, Agamenón sacrificó a Ifigenia, su hija, para garantizar vientos favorables para ir a Troya, y tras la larga guerra, su esposa, que había gobernado la ciudad y había tomado un amante, lo mata para vengar a su hija. Ahí se desencadena una segunda historia en que Orestes, su hijo, acaba matándola para vengar a su padre. Este se enfrenta a las Erinias, espíritus vengadores, para dilucidar si tenía derecho a ello o no.

Y eso nos dice mucho del concepto de violencia en el mundo clásico. Como con la sexualidad, es una cuestión de derechos. Agamenón tenía derecho a matar a su hija, por mucho que a las fuentes les parezca trágico; en cambio, Medea no tiene derecho sobre sus hijos, que en realidad son propiedad de Jasón, el padre. Clitemnestra es vista como violenta por ejercer su venganza, pero Orestes es absuelto por los dioses porque, en el fondo, el padre era más importante que la madre. Electra, que urde el plan junto a su hermano Orestes, queda como violenta y terrible.

No solo es que la violencia y las mujeres se mezclaran mal en el mundo clásico, sino que se construye todo un edificio ideológico en el que su violencia siempre carece de los cimientos de derecho y trágicas circunstancias que justifican la acción masculina. El doble rasero es básico para convencer a ciertos estratos de que todo lo que sufran tienen que aguantarlo, pero que si devuelven el golpe se convertirán en personajes malditos y espantosos.

En el Agamenón de Esquilo vemos el tópico que luego volvemos a encontrar con Fulvia: la sangre que rocía el rostro de la mujer violenta. En este caso una sangre que alegra a Clitemnestra, que ha esperado mucho tiempo para cumplir su venganza: «Me salpicaron las negras gotas del sangriento rocío, y no me puse menos alegre que la sementera del trigo cuando empieza a brotar con la lluvia que Zeus concede».[39] Sin embargo, ante el reproche del coro como voz de lo común y la comunidad, Clitemnestra contesta que lo hecho bien hecho está y le reprocha que se indigne ante sus actos pero que fuera suave cuando Agamenón sacrificó a su hija. De paso, amenaza al coro. Si han decidido ser parciales, ella tampoco será dulce.

La violencia explícita no era la única forma de ser violenta. En la tragedia *Los siete contra Tebas* se nos cuenta la historia de Erifile, mediadora en los conflictos entre su esposo y su hermano. A cambio de un soborno convence a Anfiarao, su marido, aunque este ha predicho que morirá si va a la guerra, de que se una a la expedición contra la famosa ciudad. El esposo, antes de dar su último suspiro frente a las murallas de Tebas, y consciente de que la decisión de su esposa no fue ni fiel ni imparcial, hace jurar a sus hijos que le vengarán. Por supuesto no se vengan en el sobornador, sino en la sobornada, y Alcmeón, al igual que Orestes, mata a su madre y es perseguido por las Erinias.

Hay un dicho que comenta que a los hombres se les niega cualquier emoción, salvo la rabia, mientras que a las mujeres se les permiten todas salvo esa. De hecho, a través del mundo clásico podemos ver que tampoco se les permiten, en realidad solo **se presupone que las mujeres no son capaces de controlarse, y eso forma parte de su peligro.** Sin embargo, con la rabia no entra en juego solo la falta de control: también lo

39. Esquilo, *Agamenón*, 1390 y ss.

hace la masculinización, la ocupación de un ámbito masculino, el del conflicto y la política. La rabia y la venganza hacen actuar a las mujeres de forma independiente e individual, las desgajan del sistema. Y eso es precisamente lo que caracteriza a la mujer malvada. Al final, hablamos de guerras de religión, pero cuando María Estuardo intentó imponer una religión se la llamó María la Sangrienta. Reinar en solitario sobre un país que no había conocido algo así para acabar convertida en un cóctel picante es algo que debería hacernos pensar un poco.[40]

¿Un caso (no tan) único? Cleopatra

Si tenemos que pensar ejemplos históricos de hombres poderosos, de inventores o exploradores, podríamos pasarnos todo el día apuntando nombres en una larga lista. Incluso las personas que afirman tener menos conocimiento de historia o que dicen que no les interesa serían capaces de juntar un buen montón de reyes y señores importantes. Ahora bien, si preguntamos por referentes femeninos la lista empieza a reducirse mucho. De hecho, seguro que, tras unas cuantas dudas, apenas aparecerían un par de nombres. Quizá Isabel la Católica, siempre presente en el inevitable bulo que corre

40. Sí, el origen del nombre del cóctel es controvertido y probablemente no tenga que ver con la reina. Sin embargo, la asociación entre ambos nombres surgió muy pronto.

por redes que dice que abolió la esclavitud en España.[41] Quizá alguien cinéfilo mencionara a Juana de Arco, o asomaran un par de reinas inglesas o Juana de Castilla, siempre acompañada por el infame apodo de «la Loca», que dice más de la propaganda de la época y del machismo de la nuestra que de ella.

De hecho, no hace falta que nos lo imaginemos demasiado. En 1978 Michael H. Hart escribió un libro que se titulaba *Los 100. Un ranking de las personas más influyentes de la historia*, reeditado y «mejorado» en los años noventa. Os dejaría adivinar cuántas mujeres aparecen y en qué posición, pero tampoco es muy largo de reseñar. Solo aparecen las dos Isabeles, la Católica y la inglesa. Ya llevábamos años recuperando figuras femeninas en la historia, pero no hubo forma. No voy a comentar demasiado sobre que incluya a Henry Ford y no Marie Curie, o que aparezca Homero, que ni siquiera existió. Probad a hacer una búsqueda de este tipo de listas en internet, a ver qué tal.

Sin embargo, si una figura emerge siempre que se habla de mujeres y poder, que sigue dando que hablar y que se ha visto más afectada que ninguna otra por la propaganda de la época, es una reina un poco más antigua: Cleopatra. Pocas figuras como la suya, aunque tampoco aparezca en estas

41. Solo pasó a considerar súbditos a los indígenas americanos y ni aun así se abolió del todo su esclavitud, en la que podían caer por rebeldía, violencia o por no bautizarse. La esclavitud fue completamente legal en los territorios españoles hasta bien avanzado el siglo XIX..., pero eso es campo de otro libro.

listas de señores sobre señores. De hecho, quizá los dos casos más conocidos de *femme fatale* asociados al pasado sean los de Lady Macbeth y Cleopatra, y el primero más restringido al ámbito anglosajón. La reina egipcia gana de calle en esta competición, además de ser la única de las dos que fue una mujer real.

La enorme cantidad de películas que se han hecho sobre Cleopatra ha contribuido a perpetuar esa imagen de *femme fatale*, y aún hoy podemos encontrar producciones sobre ella, a diferencia del boom de películas sobre Mesalina, que decayeron ya hace tiempo. Una de las primeras, de 1917 y protagonizada por Theda Bara, fue esencial en la formación de la figura de la mujer *vamp* y en la caracterización de la reina. Desafortunadamente solo conservamos algunos fragmentos, como pasa con tantas películas de esos años, perdidas para siempre y que solo podemos conocer por fuentes secundarias o por sus carteles. Inauguró también la costumbre de que las películas sobre Cleopatra fueran consideras algo más que impúdicas y que costaran cantidades desorbitadas de esfuerzo y dinero, no siempre recuperado.

En los últimos años, de hecho, los medios audiovisuales han sido también el caballo de batalla de un debate que se había mantenido en un ámbito académico y, quizá, en el mundo norteamericano, enormemente atravesado por las cuestiones raciales. El color de la piel de la reina, imposible de saber en realidad, aparece como una polémica que desata iras y rechinar de dientes... siempre en un mismo sentido, claro. En realidad, el asunto del árbol genealógico de la reina egipcia siempre ha sido un quebradero de cabeza, ya que las fuentes nos hablan mal y poco de los distintos matrimonios, uniones secundarias y lazos familiares de los Ptolomeos, por mucho que se simplifique en la Wikipedia o la divulgación. Eso se une a un debate sobre la endogamia griega en Egipto frente a teorías en torno a las alianzas con las élites locales, sobre todo las sacerdotales.[42]

De hecho, tanto la madre como la abuela de Cleopatra son desconocidas: a su padre le llamaban *bastardo* y muchas veces *desconocida* ya sabemos qué quería decir. En cualquier caso, los argumentos sobre que era griega obvian que su familia y la corte llevaban unos tres siglos en Egipto, con todo lo que ello comportaba, además de olvidar que no todas las personas en el mundo griego eran blancas como la leche. Igual que es poco probable que fuera similar a las representaciones que encontramos de los nubios, tampoco lo era que tuviera la cara de Elizabeth Taylor. Cualquier punto entremedio es posible, y no deberíamos descartar taxativamente posibilidades que existen.[43] De hecho, en los retratos que nos dejaron quienes se enterraron en El Fayum o Tebas

42. Sobre esto resulta interesante el libro, también desmitificador, de D. W. Roller (2023), *Cleopatra. Biografía de una reina*, Madrid, Desperta Ferro.
43. Es curioso que, además, se ha insistido en que la actriz elegida por Netflix, Adele James, era «negra como el carbón» o «como una congoleña», cuando, al igual que probablemente fuera Cleopatra, es de origen birracial, ya que su madre es una mujer blanca y rubia. Los prejuicios marcan la raza mucho más que el color de la piel.

encontramos una enorme variedad de rostros, pieles y pelos. Sin embargo, lo realmente importante es que esta discusión remite a cuestiones modernas, de reapropiación de sociedades africanas o de racismo, pero en el mundo antiguo les daba tan igual que no se vieron en la necesidad o curiosidad de mencionar dicho color de piel.

Lo que sí interesaba a los autores romanos era su enfrentamiento con el imperio, o más bien su apoyo a una de las dos formas de concebirlo, ya que el papel de Egipto como Estado más o menos dependiente era ya una realidad desde bastante antes del ascenso al trono de Cleopatra. La relación de la reina con César y el hijo común no reconocido por el general romano, así como el posterior apoyo a Marco Antonio frente a Augusto, además de sus políticas expansionistas para intentar recuperar la grandeza de Egipto, pusieron a Cleopatra en un lugar bastante central del tablero político romano. Y en el punto de mira de todo un aparato de propaganda.

Así pues, Augusto decidió, conscientemente, centrar su atención y esfuerzos en culpar a Cleopatra de absolutamente todos los males de la guerra. Al tildar a Marco Antonio de marioneta, disimulaba una guerra civil complicada de explicar y creaba un nuevo choque entre el Occidente civilizado y el Oriente decadente, que tan bien les había ido a los griegos con los persas. Y toda la decadencia se centró en una mujer, lo cual ponía fácil feminizar a Marco Antonio y crear un personaje que era poco menos que la encarnación del mal seductor.

La reina fue caracterizada como una bruja manipuladora

que había vuelto débil a Marco Antonio y que pretendía influir en la política romana. El mito de Ónfale y Hércules, en el que el héroe había tenido que vestirse con la ropa de la reina y ejercer de mujer mientras ella usurpaba su leontea y su maza, se hizo muy popular y se creó todo un *merchandising* en torno a esta leyenda. También se insistió en el lujo y la decadencia orientales y se adornó todo con la seducción por la inteligencia y la astucia, tanto por su conversación como por escenas como la famosa aparición sorpresiva ante César, escondida en una alfombra para sortear a los guardias.

Cleopatra se convertía así en una mezcla entre una sirena y una bruja, una reina y una prostituta.

El miedo a la protesta colectiva

Hemos iniciado el libro con el relato de la derogación de la Lex Oppia en Roma. No fue un caso habitual, pero tampoco un *unicum* en la historia griega y romana. De hecho, Tácito acuñó una locución para referirse a estas actuaciones colectivas que implicaban a mujeres organizadas para conseguir un objetivo concreto: *agmen mulierum*.[44] No siempre tenía una connotación negativa, y a veces los habitantes del mundo

44. Conesa Navarro, P. D. (2020), «La palabra concedida. Discursos y actitudes "transgresoras" femeninas en la antigua Roma monárquica y republicana», en *Arenal: Revista de historia de las mujeres*, 27 (2), pp. 437-462.

clásico se escondieron detrás de estas mujeres organizadas para evitar las consecuencias de sus actos o de la guerra.

Cuando el mítico Cayo Marcio Coriolano, un político romano del siglo v a.e.c. exiliado por sus conflictos con la plebe, decidió volver a su ciudad, ejército volsco mediante, fueron las matronas las que convencieron a la madre y esposa del general de salir a su encuentro. Volumnia, la madre, y un coro de mujeres de la ciudad le cortaron el paso y la matrona dio un discurso en el que venía a decir que antes muerta que tener que elegir entre su hijo o su patria (pero que quedase claro que elegía la patria). Coriolano desistió y la patria se salvó.[45] Las mujeres, que se habían organizado solas, enfrentado el peligro solas y hablado solas, solo pidieron al Senado que se erigiese un templo a Fortuna Muliebris en su nombre. La historia salvaba el episodio de organización femenina con un regreso a la sumisión cívica y un claro aviso de excepcionalidad.

Muy en el borde entre lo positivo y lo negativo, y también amparado por la excepcionalidad de la situación, está el discurso de Hortensia en medio del Foro romano, un hecho que distaba de ser lo habitual o estar bien visto. En el marco de las guerras civiles y el Segundo Triunvirato se había intentado imponer un impuesto excepcional a las mujeres más ricas. Estas, poco dispuestas a pagar para que sus parientes se matasen (en realidad, poco dispuestas a pagar en general), se organizaron para buscar la intervención de las esposas y

45. Plutarco, *Vida de Coriolano*.

familiares de los triunviros. Octavia, la hermana del futuro Augusto, las escuchó con atención, no así Fulvia, que las echó con cajas destempladas. Así que se plantaron en el Foro dispuestas a hacerse escuchar.

Hortensia dijo (o no, porque, como todos, el discurso nos ha llegado muy reconstruido): «Pero si nosotras las mujeres no os hemos votado a ninguno de vosotros enemigo público, ni derribado vuestra casa, ni destruido vuestro ejército, ni dirigido a otro contra vosotros, ni os hemos impedido que obtengáis cargos y honores. ¿Por qué participamos en los castigos si no hemos participado en los crímenes? ¿Por qué hemos de pagar impuestos si no participamos en los cargos, honores, puestos militares, ni, en una palabra, en el gobierno por el cual lucháis entre vosotros con tan funestos resultados? Decís: "Porque es tiempo de guerra". ¿Y cuándo no ha habido guerras? ¿Cuándo han sido gravadas con impuestos las mujeres, cuyo sexo las coloca aparte de todos los hombres?».[46]

Funcionó a medias, porque de mil cuatrocientas mujeres sometidas al impuesto, se limitó solo a las cuatrocientas más ricas. En el fondo, aunque a los romanos les pareciera mal que las mujeres se organizaran para desafiar la autoridad del Estado, las que estaban actuando eran las esposas y madres de los que escribieron la historia, muchos de los cuales no tenían una visión demasiado favorable de la situación política de la época. Es más, si el dinero que se ahorraban era el suyo, pues la cosa parecía mucho más perdonable.

46. Apiano, *Guerras civiles*, 4, 32, 4.

Curiosamente, siglos más tarde otras mujeres enfadadas usarían un recurso parecido con un discurso igual. Las sufragistas utilizaron la huelga de impuestos con el argumento de que, si no tenían representación, tampoco se les podían cobrar impuestos. Por lo que sea, a sus contemporáneos no les pareció tan bien como el famoso discurso de Hortensia. De hecho, es curioso cómo la propaganda contra las *suffragettes* cumplía con todos los tópicos de ataques hacia las mujeres y, sobre todo, contra las poderosas. Se las acusaba de solteronas, poco atractivas, de realizar sus campañas políticas por venganza, de querer someter a los hombres, de amargadas o de charlatanas. Hay que decir que igual cuando las representaban como violentas algo de razón tenían, pues las pacíficas manifestaciones con una Inez Milholland en su caballo blanco, como símbolo de las manifestaciones americanas, no eran el único recurso de estas mujeres. Las campañas británicas de rotura de escaparate, voladura de buzones o apedreamiento de la casa de Churchill se combinaron sabiamente con la introducción del *jiujitsu* por parte de Edith Garrud y la creación de estrategias para combatir con la policía.

Definitivamente menos positivas son las huelgas sexuales de las mujeres del mundo clásico, aunque también definitivamente menos reales que las anteriores. Los casos que nos muestran las fuentes provienen de la mitología, de la comedia o de una historia muy poco histórica y muy mitológica. Quizá la más conocida sea la historia de Lisístrata, en la obra de Aristófanes, en que las mujeres deciden acabar con la guerra aliándose atenienses y espartanas para llevar a cabo una huelga sexual. Los chistes de Aristófanes giraban en torno al enorme esfuerzo que suponía eso para las mujeres y los intentos de sedición en la organización. Ahora bien, el trasfondo, enormemente conservador, no intentaba afirmar que las mujeres pudieran gobernar mejor que los hombres, sino hacer una crítica a los políticos democráticos de su época desde una óptica conservadora y ligada al mundo de rural. Lo mismo puede verse en otras comedias como *Las asambleístas* o *Las tesmoforiantes*. Haríamos bien en no olvidar que en la mayoría de las comedias de Aristófanes las mujeres apenas tienen peso.

En el mundo romano la huelga se traslada de lo sexual a lo reproductivo y Ovidio y Plutarco nos cuentan que las mujeres ausonias se habrían negado a tener hijos de sus maridos.[47] Aunque su reacción a una pérdida de derechos como esposas y madres y su negativa fuera, pues, oponerse a cumplir dicha función, la solidaridad femenina frente a los hombres resultaba bastante aterradora para ellos. Los senadores, decía Ovidio, llamaron al orden a las mujeres y consideraron que lo que habían hecho era una inhumanidad, pero se vieron obligados a devolverles el uso del carro que les habían arrebatado y, de hecho, establecieron unas fiestas en honor a la fertilidad, las Carmentas.

En el capítulo sobre la naturaleza femenina y el lamento ya vimos cómo las mujeres en masa eran temidas del mismo modo que se temían las tormentas y marejadas. No había

47. Ovidio, *Fastos*, I, 620 y ss; Plutarco, *Moralia*, 278b.

control posible. También se temía la organización religiosa alternativa, y el episodio de la represión de las bacanales o las conspiraciones de mujeres envenenadoras[48] marcan una historia de terrores masculinos en el mundo clásico. Al igual que las revueltas serviles, como la de Espartaco, estos episodios recordaban a los hombres que el sistema tiene que ser continuamente reforzado, porque los de abajo son muchos más. De ahí también que se recordase a las mujeres continuamente su posición y su pertenencia a la familia, como forma de romper posibles sororidades.

De excepciones y violencias

En cualquier caso, los ejemplos positivos de poder femenino vienen de una disonancia entre la teoría y la práctica. En el día a día, más allá de los sesudos libros científicos o históricos, el caso es que había mujeres con poder. Mujeres con dinero que construían edificios públicos, pagaban impuestos de la comunidad o de quienes dependían aquellos que pretendían acceder al emperador. La capacidad real de denostar a esas mujeres que jugaban dentro del sistema era, por tanto, limitada.

La crítica al poder femenino tenía que combinarse con la alabanza de las mujeres poderosas que jugaban dentro del sistema o de las mujeres poderosas que te daban de comer.

48. Ver capítulo 3, p. 115, sobre brujería, religión y magia.

Presentar a tu mecenas como una bruja pervertida nunca ha tenido buenos resultados. Así que los ejemplos negativos tenían que compensarse con otros que reforzasen las bases del sistema.

Podemos remontarnos, quizá, a la admiración deformante por Esparta, la cual fue creando un juego de espejos en torno a la ciudad griega que igual podía servir de referente histórico a nazis que a revolucionarios y anarquistas, y que sirvió para ejemplificar, por ejemplo, el conflicto americano-iraní en el cine a través de la película *300* (Zack Snyder, 2007). Esta (no tan) curiosamente eliminaba toda referencia al homoerotismo espartano como sistema de sociabilidad y educación, la existencia de esclavos y deformaba grotescamente a los éforos, el elemento democrático en la ciudad. El mito creado en torno a la igualdad, la sociedad guerrera, la austeridad y la capacidad de sacrificio opacó completamente la historia real de la ciudad.[49] En este mito las mujeres tenían una enorme libertad, pero siempre, como la madre de Coriolano, anteponían la patria a la vida personal o familiar. Las historias de madres que mataban a los hijos que habían huido de la batalla, o que respondían que eran las únicas griegas que podían hablar en público porque eran las únicas que parían hombres, o las historias de niñas sabias que advertían a sus padres de que no se dejaran corromper por los enviados extranjeros,

49. En este sentido, es una buena obra de consulta, tanto para la historia como para el mito: C. Fornis (2003), *Esparta: Historia sociedad y cultura de un mito historiográfico*, Barcelona, Crítica.

eran parte de un ambiente concreto de idealización.[50] En el fondo, lo que se dice es que las mujeres solo podrían tener esa libertad en una sociedad así, imposible de alcanzar siquiera para el modelo original.

Algo similar ocurre con Cornelia, la madre de los Graco, o con Octavia, hermana de Augusto y una de las grandes mecenas de su época. Ambas son figuras notorias en su asociación al poder y la política, pero se destaca su papel doméstico y familiar. Las dos anteponen a los hombres de su familia y el bien del Estado a su propio poder, aunque esto sería algo realmente cuestionable cuando hablamos de estas matronas. Se ha tendido a interpretar el matronazgo y mecenazgo femenino como una instrumentalización por parte de sus parientes, y muy pocas veces como una forma, precisamente, de poder colocarlos para actuar a través de ellos y de obtener un prestigio alternativo. En realidad, y si lo pensamos bien, cuesta entender los grandes edificios públicos pagados por mujeres —como los mercados de Pompeya y Eumaquia, las termas de Bulla Regia, dedicadas por Julia Memmia o el anfiteatro y teatro de Cassino, de Ummidia Quadratilla— como meros usos familiares de los fondos de una mujer pasiva.[51]

50. Plutarco, *Vida de Ligurgo*, 14; *Máximas de mujeres espartanas, Gorgo*, 1; 5; Heródoto, *Historias,* V, 51.
51. Es especialmente importante la publicación y el proyecto del que proviene de la obra de C. Martínez López, M.ª D. Mirón Pérez, H. Gallego Franco y M. Oria Segura (2020), *Constructoras de ciudad. Mujeres y arquitectura en el occidente romano*, Granada, Editorial Comares.

Al final, poner mucho dinero en juego y gastarlo en la ciudad no te asegura un huequito en la historia, pero, desde luego, facilita mucho las cosas. Si puedes construir una leyenda a tu alrededor —como Cornelia con su círculo de intelectuales y su negativa a casarse de nuevo tras enviudar, aunque el que le propusiese matrimonio fuese el mismísimo rey de Egipto, Ptolomeo VIII—, pues ayuda aún más. Y si te ves en el lado ganador de la historia, como Octavia, ya estarás un poco más cerca. Aunque, lamentablemente, con muchas más condiciones que sus pares masculinos.

Las mujeres también podían ser víctimas en vez de agentes del poder, por la asociación a los hombres que lo ejercían. En ese caso eran vistas también como peligrosas o bien sujetos sobre los que ejercer una venganza largamente deseada. Algunos casos fueron especialmente dramáticos, como el de la familia de Dionisio II, tirano de Siracusa, cuando Locris fue liberada de su mandato. Aunque él logró huir, su familia permaneció en la ciudad, en la que las fuentes nos cuentan que el tirano había ejercido violencia sexual contra las hijas de varios ciudadanos. Se llevaron a las hijas y la esposa de Dionisio a las afueras, las violaron hasta que se cansaron, las torturaron y las asesinaron. Tras ello, descarnaron los cadáveres y repartieron la carne, como si de un banquete sacrificial se tratara, machacaron los huesos en morteros y los arrojaron a lo profundo del mar.[52]

52. Ateneo, 12.541c-e; Claudio Eliano, *Historias curiosas*, IX, 8; Notario, F. (2013), «Reflexiones en torno al castigo de la familia de Dionisio

Estrabón, que omite la parte del canibalismo, califica el castigo sobre las muchachas de «justo castigo» para su padre.[53] Al final, las mujeres (y los niños no emancipados), como pertenencia de un cabeza de familia y por pura relación, se convierten en una extensión del mismo, sin personalidad ni identidad propia. Así, el castigo no era para ellas, sino para sus familiares; su dolor y su muerte poco importaban. Daba igual que la mujer no fuera la mala de la película, su mera relación con el mal (y es muy complicado no tener alguna) marcaba un destino funesto.

Un destino igualmente trágico, aunque menos rebuscado, tuvieron, por ejemplo, la esposa y la hija de Calígula, que fueron asesinadas poco después de caer él, como ya vimos en el primer capítulo. A veces las mujeres se veían implicadas en tramas en las que realmente no querían estar. Faustina la Menor, esposa de Marco Aurelio, murió en el 175, justo el mismo año en que tuvo lugar y acabó una breve revuelta contra el emperador, la del militar Avidio Casio. Más bien fue una proclamación errónea, ya que tanto este como Faustina pensaban que el emperador había muerto. Para cuando descubrieron el error, la situación se le había ido de las manos al militar y no había una salida clara para la mujer. Así que ambos acabaron muertos, aunque a Marco Aurelio le

---

II en Locris Epicefiria», en J. Caerols, ed., *Religio in labyrintho: encuentros y desencuentros de religiones en sociedades complejas*, Madrid, Escolar y Mayo, pp. 63-74.

53. Estrabón, VI, 1, 8.

entristeciera. De hecho, la participación de Faustina resulta confusa y borrosa en las fuentes, lo mismo que su muerte, que podríamos pensar incluso natural de no habernos interesado por atar el resto de los cabos. ¿Quizá ocurrió lo mismo en la boda de Mesalina y Cayo Silio? Sería mucho más lógico pensar en una mujer de la casa imperial consciente de su posición e intentando asegurar una sucesión, que en una absolutamente incapaz de adivinar qué podría pasarle si se dedicaba a frecuentar burdeles para prostituirse o se casaba con otro hombre por iniciativa propia.

Nos puede parecer una barbaridad (y lo es), pero no se aleja tanto de ciertas actuaciones en momentos de conflictos sociales, políticos o de guerras. Las violaciones como arma de guerra (en realidad, las violaciones en general) son mucho más un elemento de poder y violencia social que de deseo y placer. Lo mismo pasa con las víctimas colaterales o las venganzas en terceros. Tanto en las guerras como en las familias el asesinato de los familiares de la persona a la que se busca dañar son algo enormemente repetido y básico. De hecho, el concepto *violencia vicaria* que se ha popularizado últimamente se refiere simplemente al asesinato de los hijos en vez, o además, de la madre.

Las mujeres y los niños han sido las víctimas clásicas de los juegos de poder, no solo como perdedoras del mismo, sino también como juguetes rotos en manos ajenas. Las calles de Roma se llenaron de esclavas de las ciudades conquistadas y la historia está repleta de «heroicos» suicidios en masa en ciudades como Numancia, Masada o Cartago, y de lamentos en las tragedias sobre la caída de Troya, por el destino de las mujeres. Ya desde época muy temprana las consecuencias de acabar como esclava estaban claras y, por ejemplo, las teutonas se suicidaron en masa tras ser capturadas cuando se les negó el poder servir a las vestales.[54] Es lo que se cuenta menos en la épica de las batallas y las guerras, en las narraciones sobre ejércitos vencedores y triunfos por las calles, entre pétalos y vítores.

Convertirse en mujer

Si las mujeres no podían ejercer el poder, y no había forma buena de que lo hicieran, y si lo peor que podía ser un romano era ser una romana, **todo nos guía a una forma sencilla de criticar a los hombres en el poder: feminizarlos.** Resulta curioso, aunque lógico dentro de la retorcida lógica del sistema de género del mundo clásico, que la forma de caracterizar a los emperadores más terribles fue, precisamente, considerar que era una falla en su virilidad. *Vir, virtus, virilidad*... eran conceptos que se asociaban a cierta moralidad. Si faltaban, no era un fallo de la moral, sino de la masculinidad. El hombre perverso, en el fondo, era como una mujer. Aún hoy el concepto de *marica mala* sigue ahí, como estereotipo.

La representación cinematográfica y popular de estos emperadores ha continuado añadiendo «pluma» a sus figuras. El

54. Valerio Máximo, 6, 1.

Nerón de *Yo, Claudio* corresponde, casi exactamente, con el que encarnó Peter Ustinov en *Quo Vadis*, ambos acompañados de una Agripina y una Popea maquiavélicas. Lo mismo pasa con el Calígula de la serie británica o de las películas siguientes como *Calígula* de 1979, escrita por Gore Vidal y dirigida por Tinto Brass y Bob Guccione. El escándalo que provocó es proporcional al escándalo que querían provocar las fuentes en su momento. En ambos casos la locura, el afeminamiento, la falta de una *virtus* militar y la pasividad sexual querían acercar la figura del emperador a la de una perversa mujer.

Si de Nerón se decía que le gustaba imitar los gritos de una muchacha al ser desflorada (no vamos a entrar en las implicaciones que tiene esto) con el liberto que actuaba de forma activa como si fuera su esposo, las fuentes subieron el listón con Heliogábalo. Situémonos: este emperador apenas era un muchacho cuando las luchas por el poder de las mujeres de la casa imperial, Julia Soemis y Julia Mesa, lo llevaron al trono. Se había criado en la parte oriental del imperio y era sacerdote de El-Gabal, un dios oriental, cuyo ritual se asociaba a la danza y la castración. No solo se le achacó pasividad en sus relaciones con hombres, se dijo que incluso dejaba que le maltratasen físicamente, algo que solo una mujer aguantaría dentro del matrimonio.

Las fuentes también nos cuentan que buscó un método para operarse y crear una vagina artificial, además de pedir que le tratasen en femenino. Esto ha traído, sobre todo en épocas recientes, bastante polémica: ¿hasta qué punto podemos creer a unas fuentes que sistemáticamente asociaban todo lo malo a la feminidad y afeminaban a los que consideraban perversos? En realidad, no podemos asegurar nada en ningún sentido. Simplemente no tenemos forma de saber qué pensaba Heliogábalo ni cómo concebía su identidad, su género, su expresión o su vida. Ahora bien, eso significa que por mucho que las fuentes sean críticas, por un lado, era algo que podían llegar a concebir los romanos y, por otro, que responda a una transgresión en el género. El «no sabemos» tiene que ir para los dos lados, y no solo podemos considerar que lo único posible es la norma. En cambio, es curioso cómo, en nuestra creación de las mujeres malvadas, nadie ha cuestionado jamás episodios tan claramente inventados como el de una Mesalina que acude por la noche a un burdel y se mete de nuevo en la cama de Claudio, pero hemos acudido raudos a negar la feminidad de Heliogábalo o a asociarla solo a un trastorno o una extrema maldad. No sé si veis el patrón.

Por supuesto, la figura de los *cinaedus*, los pasivos afeminados, lo que hoy llamaríamos *maricas*, más allá del poder que pudieran o no detentar, siempre iba asociado a la perversidad, en cualquiera de sus sentidos. Mamerco Escauro, nos dicen las fuentes, lamía la menstruación directamente de la vulva de sus esclavas. Nos podríamos preguntar cómo una práctica heterosexual convertía al ejerciente en un ser feminizado. Precisamente por la pasividad. El género de la otra persona daba igual, era la propia práctica la que colocaba al hombre en una situación de feminización. Por supuesto, todo ello salió a la luz para destruir políticamente al pobre

Mamerco.[55] Tener pluma en el imperio era algo que podía salirte muy caro, aunque, evidentemente, dependía más de los juegos de poder que de una legislación en contra. Ni a Mamerco le había impedido escalar, ni la pluma de César le impidió cometer sus buenos genocidios en la Galia, acabar de romper el sistema político romano y abusar de su poder todo lo que pudo.

Curiosamente, igual que a Mamerco su feminización le allanó el camino al otro mundo, hoy sigue pareciendo peor recordar las burlas de las fuentes romanas sobre la toga demasiado suelta, la calvicie y la pasividad de César que sus relatos sobre matar a pueblos enteros o los asesinatos políticos y represión ciudadana, que siguen siendo vistos como parte de la épica. Los insultos más básicos que se dirigen a los hombres tienen relación con la feminización, de mangina a calzonazos, de marica a planchabragas. Es curioso como también se asocia a la dieta. El consumo de carne y cuerpos como símbolo de masculinidad, las ensaladas como feminidad. Sojas como insulto. En el fondo, **en muchas cosas y en muchos sectores, se sigue considerando que lo peor que puede ser un ciudadano es una ciudadana.**

55. Tácito, *Anales*, I, 13.

3
La magia

Entre brujas y herejes

La religión siempre ha sido un campo complejo de negociaciones y sacrificios, de dones y castigos. Las mujeres tenían, a la vez, un papel principal y marginal. Eran el elemento necesario para las súplicas en épocas difíciles, y se esperaba de ellas que lo dejasen todo a un lado en esos momentos, con el agradecimiento divino y cívico como único premio.

Eran sacerdotisas fundamentales en algunos ritos, como los de la Bona Dea, pero, por otro lado, su participación en la religión cívica y los sacrificios era bastante marginal. En el reparto de carne en los sacrificios cívicos griegos no siempre estaban incluidas y su participación en los sacrificios romanos era tan marginal que solo recientemente estamos descubriendo que, efectivamente, estaban allí.

Sin embargo, había un mundo oscuro en el que parecían las protagonistas absolutas, una corriente subterránea de espiritualidad peligrosa y perversa: el mundo de las brujas, las desviadas, los monstruos y las divinidades terribles. Si Nicole Loraux destacaba que deidades como Atenea solo eran mujeres en el nombre y, en realidad, representaban una masculinidad canónica, nadie dudaba de la feminidad de los demonios que sobrevolaban la noche en busca de incautos o de las terribles sirenas.

La religiosidad, pues, tanto la oficial como la extraoficial, era un campo abonado para la representación de las mujeres malvadas que podían arruinar a los hombres, las sociedades y la tierra en general.

La represión en la religión oficial: de bacanales y vestales

Cuando se ha intentado diferenciar entre magia y religión, los resultados han sido frecuentemente confusos. Sobre todo porque, a veces, olvidamos que, aunque la magia no sea parte de la gran religión cívica y común, sigue siendo religión y espiritualidad, y que ninguno de los campos es homogéneo. Las líneas son borrosas. Quizá la magia pretende coaccionar a las fuerzas sobrehumanas mientras la religión suplica, pero no es siempre así. Quizá el límite más claro sea ese, el de la «oficialidad».

Aunque la magia no pertenecía a la religión cívica como la entendemos hoy, eso no significa que no estuviera permitida, aunque algunas prácticas eran más bien alegales. Se penaban, eso sí, los casos de daño mágico (que ya aparecía penado en la Ley de las XII Tablas), y algunas prácticas contraculturales podían caer bajo cargos de *asebeia* (impiedad) o envenenamiento. También hubo casos de expulsiones, en Roma, de magos o astrólogos, pero en este caso debemos tener en cuenta que también se expulsaron o rechazaron deidades que luego formaron parte del panteón oficial sin problema.

Ahora bien, qué entraba dentro de la religión oficial y permitida era un asunto de Estado, y no siempre tenía por qué seguir criterios coherentes u homogéneos. Esto dio lugar a casos en que la represión política y la religiosa se confundieron. Quizá pensemos en los cristianos, pero tenemos otros casos. Uno de los más conocidos es el de las bacanales, ejemplo perfecto de la construcción de la mujer descontrolada que cae en la violencia, la maldad y una espiral de decadencia y peligrosidad.

Este episodio, que nos narra Tito Livio, sucedió en el 186 a.e.c. y, si no conserváramos un decreto en bronce que nos confirma, al menos en parte, la historia, pensaríamos que al autor se le fue la mano con las historias truculentas y la invención.[56] Todo empieza con una liberta, Hispala Fecenia, que había sido prostituida y que se seguía dedicando a ello porque no tenía otra forma de ganarse la vida, pero estaba profundamente enamorada de un joven de buena familia, Ebucio. Este le comentó que iba a ser iniciado en los rituales de Baco, y su amante, espantada, le narró los horrores

56. Tito Livio, XXXIX, 8-19; *Senatusconsultus de Bacchanalibus* (CIL I2, 581).

que sucederían en esas iniciaciones, a las que había acudido siendo esclava. Al parecer Ania Pacula, sacerdotisa de origen campano, había ido mutando las fiestas en honor a Dionisos de rituales diurnos en festejos nocturnos, llenos de orgías, violencia, vino y sacrificios de niños y, lo que es peor, de mujeres iniciando a hombres e interviniendo en los ritos de paso oficiales y masculinos. Ya tenemos todos los tópicos: la prostituta buena, el inocente, la malvada extranjera, la noche y una religión ajena. Todo ello acabaría en una muy asustada Hispala confesándolo todo y, por una vez, consiguiendo que Roma pagara a traidores, en concreto no solo con dinero sino con la capacidad para casarse con su amante y dejar atrás la vida de vicio y perdición.

La investigación que siguió provocó un baño de sangre en una persecución que, como una plaga, se extendió desde Roma hasta la última zona rural. Livio nos da una cifra de ejecuciones que asciende hasta las siete mil personas, la mayoría mujeres. Las que tenían una familia que respetar fueron dejadas en manos de sus parientes, para que ejecutaran la pena en privado y poder mantener parte del honor. Las demás acabaron adornando las calles cual sangrientas guirnaldas.

Parece evidente que la historia está exagerada y adornada. Algunas partes de la narración se parecen demasiado a la tragedia de Eurípides (*Bac.*, 215-262) y las acusaciones de Penteo en ella como para no ver una cierta inspiración. Aun así, podemos rascar unas cuantas conclusiones de este episodio. Curiosamente, por ejemplo, las acusaciones de la madre de Ebucio, participante en las bacanales, también tenían un cariz religioso y de apelación a la mujer peligroso.

Invocó el tópico de la prostituta que empleaba la bruja: una mujer que seduciría a los jóvenes ingenuos para hacerlos caer en sus garras y en un pozo de depravación. Al final, los cuchillos que volaban en todas direcciones tenían todos el mismo filo. Eso sí, es probable que esa deformación ocurriera como con el juego del teléfono escacharrado y Livio realmente creyera que las cosas ocurrieron así. Es muy probable que todo el mundo en su época se lo creyera también. Quizá lo importante es ver cómo cumplía con las expectativas de la gente en torno a las malvadas bacantes y los viles sacerdotes extranjeros, las conspiraciones y, sobre todo, los roles de género.

Mientras los senadores aparecen como dignos investigadores, las mujeres de la historia aparecen como cobardes, arteras, peligrosas, salvajes o todo a la vez. En ellas se rompe la solidaridad femenina que aterraba a los hombres; conseguir que todas intentasen defender su adecuación a las normas y la moralidad es el método perfecto para que nadie se cuestione en qué consisten esos valores. Eso era lo que se pretendía, en el fondo. La religión feminizada no debía interferir con la masculinizada y estatal, pero, además, no debía crear espacios de libertad o transgresión. **El miedo a la solidaridad femenina tenía que extenderse a las mujeres,** y eso es algo que ha pervivido con fuerza cuando se potencia la búsqueda de una validación masculina, se desprecia la amistad femenina o se incita a la competición y la sospecha.

Otros casos de represión dentro de la religión oficial han quedado más oscurecidos, quizá por tener objetivos más pequeños, quizá porque se han camuflado mejor. El caso de las vestales ejecutadas por romper sus votos, por ejemplo, nos habla más de luchas políticas y miedos comunitarios que de una ruptura real de la paz de los dioses. Las vestales eran solo seis (aunque su número pudo tener alguna variación a lo largo del tiempo) y solo habitaban en Roma, pero nuestro imaginario las ha hecho omnipresentes por el poder que podían alcanzar y por lo extraño de su sacerdocio. De hecho, en ocasiones se las ha convertido en el sinónimo de *sacerdotisa romana* frente a las mucho más habituales flamínicas, por ejemplo. Ahora bien, quizá también influye la sonoridad del nombre y su uso en los medios audiovisuales por encima de un conocimiento profundo de las diferencias entre unas y otras. A veces las cosas no son tan complicadas.

Servían a Vesta, una diosa virgen, que presidía el fuego sagrado del hogar y, por tanto, también el corazón de la comunidad. Era una diosa que se asociaba con la purificación y, como tal, sus sacerdotisas no tenían solo que mantener encendido el fuego sagrado, sino que participaban en fiestas que implicaban la limpieza de la ciudad o en la preparación de algunos de los elementos sagrados. También cuidaban reliquias y testamentos y podían liberar prisioneros con su mera presencia en un lugar. Su situación en el limbo de todo las convertía en seres especiales. El Pontifex Maximus las arrancaba de sus familias, por lo que eran familia de todos y de nadie. Su salida de las obligaciones del género femenino las situaba en un espacio intermedio entre las doncellas y las casadas, un poco como el concepto de las monjas como mujeres «casadas con Dios». Al igual que las novicias, se situaban en un aspecto de novias perpetuas, y su vestimenta, parecida a la de estas, lo indicaba claramente. La ciudad les reconocía esta indefinición con derechos que solo pertenecían a los hombres.

Eran, en cierto modo, no mujeres y no hombres que garantizaban la paz de los dioses. Vírgenes perpetuas, puras como el fuego. El incumplimiento de su voto de castidad era un peligro para toda la comunidad, y se castigaba con la muerte. Es más, con el olvido. Ni siquiera era la comunidad quien las mataba, ya que las encerraban en un cubículo bajo las murallas, con una lucerna, agua, leche y pan. Eran los propios dioses quienes decidían su destino, que quedaba sellado en un espacio sin nombre y sin epitafio.

Vale, todo esto puede parecer, a la vez, bonito y terrible, pero la cotidianeidad era mucho más pragmática. Las vestales funcionaban a medias entre un termómetro del clima político y como esas vírgenes de las películas antiguas, en blanco y negro, que eran arrojadas al volcán para apaciguar a los dioses. **Eran, a la vez, un elemento político y el último cartucho de la ciudad.** Curiosamente, cada vez que encontramos una vestal ejecutada la ciudad pasa por épocas convulsas, fueran internas —como el inicio del reinado de Domiciano y su necesidad de afirmarse como un restaurador de la moral—, o externas —las guerras púnicas, con los cartagineses amenazando con convertir Italia en parte de un imperio muy diferente al que querían los romanos.

De paso, también encontramos otros sacrificios humanos realizados por los romanos en esta época, como las parejas de griegos o galos que fueron enterrados vivos, esta vez bajo el suelo del foro y sin la parafernalia de un juicio o una condena. ¿De verdad os creíais lo de los romanos prohibiendo a secas el tema de sacrificar personas? Lamento deciros que hay muchas formas de sacrificio y que nuestro concepto de «sociedad civilizada» igual no encaja del todo con las formas de los romanos, ni en cuanto a ocio ni en cuanto a religiosidad. Por cierto, también habría cosas que decir aquí sobre el mito de la pacífica sociedad minoica, en teoría igualitaria y en la que se ha querido ver, a veces, los restos de un matriarcado. En uno de los palacios cretenses, en Cidonia, depositados con los restos de sacrificios animales se ha hallado el cuerpo de una muchacha que fue ofrecida a los dioses junto con ellos. Estos hallazgos no hicieron más que confirmar otros, como los de Cnossos, los cuales, por cierto, causaron problemas a los arqueólogos.[57] A la sociedad le ha costado asumir que culturas consideradas «superiores» hicieran estas cosas, a diferencia del morbo y la fetichización de otros sacrificios, como los americanos o los vikingos. Ambos, por cierto, también con matices diferentes, que oscilaban entre

57. Andreadaki-Vlazaki, M. (2015), «Sacrifices in LM IIIB: Early Kydonia Palatial Centre», en *Pasiphae: rivista di filologia e antichità egee*, IX, pp. 27-42.

la crueldad y los valientes autosacrificios que demostraban coraje y gallardía. Un día de estos deberíamos pararnos a pensar cómo, **dependiendo de la consideración de la sociedad que se estudia, los mismos actos son calificados de formas completamente distintas** y no precisamente por los matices culturales o históricos.

Volviendo a las vestales, su uso como un termómetro político proporcionaba también a estas mujeres una capacidad real para actuar en la política de primera fila, así como para negociar, influir y participar en la vida pública de Roma. No es raro encontrar vestales pasando, como si fuera en segundo plano, sin que las veamos demasiado, por los eventos más importantes de la historia romana. César, por ejemplo, pudo volver a Roma de su exilio gracias a las vestales, y un romano un poco chanchullero, Apio Claudio Pulcro, pudo celebrar un triunfo bastante ilegítimo, tras una campaña mediocre contra una tribu de los Alpes, gracias a que su hija, vestal por aquel entonces, se subió al carro para impedir que los tribunos pudiesen detenerle. Las vestales no eran florecillas y la religión no iba solo de deidades y sacrificios. Una conocida serie haría decir a uno de sus personajes más carismáticos que «en el juego de tronos, o ganas o mueres», y la religión ha funcionado siempre como un elemento de control para estos conflictos políticos o sociales. Por lo que sea, además, ha funcionado especialmente bien como elemento de represión femenina en los casos en que las mujeres pretendían acceder a ciertos espacios de poder o entrometerse con ellos, sea el caso de las iniciaciones y creación de solidaridades, como las bacanales, o como chivos expiatorios, como con las vestales o las brujas. Lo mismo ha pasado con otros grupos minorizados cuando se ha intentado homogeneizar la sociedad, como en el caso de los judíos en épocas posteriores, o los cultos mistéricos u orientales en Roma. Se evitaba así visibilizar una serie de fracturas sociales, que quedaban ocultas bajo la más sencilla capa de transgresión religiosa, que necesitaba menos explicaciones.

La imagen de la bruja

Si alguien menciona la palabra *bruja*, la mayoría de las personas pensarán en una señora anciana en la Edad Media, probablemente atada a un poste con un buen montón de leña y fuego a sus pies. Quizá no piensen en una señora con verrugas y nariz ganchuda, sino en una mujer sabia injustamente perseguida, con un montón de frascos con plantas y medicinas. Pero se equivocarán.

Primero porque lo que conocemos como *caza de brujas* no es algo medieval, sino de época moderna. De hecho, el punto básico de su inicio, la bula *Summis desiderantes affectibus*, coincide en su fecha casi milimétricamente con el final de la Edad Media, ya que es del 5 de diciembre de 1484. No deberíamos olvidar que las últimas ejecuciones de brujas en el ámbito europeo y americano se dieron a finales del siglo XVIII, e incluso algún caso parece retrasarse hasta el XIX. Puede que no nos cuadre mucho con nuestra imagen de la civilizada Ilustración, pero quizá tendríamos que replantearnos muchas cosas sobre nuestra forma de concebir los periodos históricos.[58]

La segunda equivocación cronológica se da mirando al pasado. La figura de la maga o la bruja siniestra dista de ser un invento medieval, y nos la encontramos ya en el mundo clásico. Eran figuras aterradoras que no solo creaban pociones venenosas que causaban la esterilidad o la muerte, sino que secuestraban bebés para sus rituales, podían convertirse en animales, volar o levantar a los muertos para consultarles por el futuro o el pasado. Es decir, todos los elementos que tradicionalmente asociamos a las terribles mujeres que decidían pactar con el diablo.

Frente a la bruja autóctona de época medieval o moderna, en el mundo griego, por ejemplo, había una fuerte intersección entre magia, género y etnicidad. La figura de la maga, así como de la magia en sí misma, estaba fuertemente asociada a lo extranjero. Esta diferencia es lógica cuando pensamos en ella como en una frontera, entre lo «nuestro» y lo «otro»; como hemos dicho, la magia es siempre lo que se sitúa un poco más allá, si no, simplemente sería calificada de religión.

Quizá sirva de perfecto ejemplo el conflicto con los persas, que fue para los griegos el momento de mayor auge de los discursos contra los bárbaros y contra la magia. Lo persa

58. Kelly-Gadol, J. (1977), «Did Women Have a Renaissance?», en R. Bridenthal y C. Koonz, eds., *Becoming Visible: Women in European History*, Boston, Houghton Mifflin.

se asociaba a la cobardía, la magia y la tiranía, es decir, al afeminamiento. Curiosamente (o no tan curiosamente en realidad) también fue el momento de auge de toda una serie de prácticas mágicas como las tablillas de maldición o las «ataduras» (*katadesmoi*) que se asociaban a lo oriental y lo extranjero. Sería subversivo y ajeno, pero si podía funcionar quizá mereciera la pena intentarlo.[59]

La magia representaba la inversión social, lo no deseable en un nivel político. Por un lado, era una forma cobarde de obtener resultados, un ejemplo de traición y fraude, pero también era la demostración de la falta de control de quien acudía a ella, de una falta de templanza considerada muy femenina. Todo lo conseguido por magia se convertía, en cierta forma, en ilegítimo y en un fracaso social y personal. Eso sí, también representaba el miedo al poder del débil, fuera la mujer o el extranjero; el miedo a que hacer trampas con la naturaleza pudiese revertir el orden natural que ponía al ciudadano por encima de todos los demás seres, por su racionalidad, fuerza, luminosidad, civilización y deseo divino.

De hecho, la magia para el mundo heleno rompía no solo las normas de lo natural y lo sobrenatural, sino también alteraba el género. O, en cualquier caso, un género deformado, al igual que una humanidad deformada por la alteridad étnica, llevaba a los terrenos peligrosos y oscuros de la magia. Así, por ejemplo, en las *Bacantes*, de Eurípides,

59. Stratton, K. (2007), *Naming the Witch: Magic, Ideology, and Stereotype in the Ancient World*, Nueva York, Columbia University Press.

se describe a Dionisos, caracterizado como un mago lidio, como de larga melena de rubios rizos y con los encantos de Afrodita en los ojos. Los magos, pues, se feminizan, mientras las brujas aparecen como viriles y activas. De hecho, en esta obra las ménades, antes mujeres respetables, en su contacto con la divinidad y su culto, se vuelven activas sexualmente y se dedican a correr y cazar por los bosques y a beber vino. La inversión social era también una inversión de género, y al revés.

También en Roma las brujas provenían, en muchos casos, de tierras ajenas, ya fueran griegas, sabinas, etruscas o hebreas, y abarcaban todo el espectro social, aunque ni las más famosas fueron nunca bien vistas del todo. Por si no os habéis dado cuenta, hay un bonito contraste entre la ausencia de brujas griegas en el mundo heleno y la abundancia en el mundo romano. Cuando hay mundos en contacto las contradicciones culturales no hacen más que aparecer.

Tenemos algunos casos famosos, como el de Mario, que, según Plutarco, siempre llevaba en sus expediciones militares a una tal Martha, una adivina siria. También encontramos a otras adivinas famosas que fueron consultadas incluso por emperadores. Vitelio, según Suetonio, visitó a una cata (o a una tal Cata, que puede ser un nombre o un gentilicio), una adivina germana, que le auguró un reinado tranquilo si sobrevivía a su madre, a la que mandó asesinar. Curiosamente, se le presenta también expulsando de Roma y condenando a muerte a los astrólogos. Ganna, una adivina germana, fue enviada como embajadora junto con Masyos, rey de los semnones, y recibió honores y una buena recepción por parte de Domiciano.[60] Ambas fuentes se refieren a emperadores problemáticos, pero la crítica no se dirige a la acción en concreto, así que el dilema moral queda en tablas.

El exotismo de las hechiceras no las hacía menos terribles. Algunas escenas literarias en torno a ellas son espantosas, dignas de sus herederas en Shakespeare o Goya. Una de las peores aparece en una obra que quizá no sea demasiado conocida, *Farsalia*, de Lucano. Se trata de Ericto, de Tesalia, una tierra de brujas y venenos donde las piedras entienden y ayudan a los magos. Las tesalias podrían forzar pasiones, detener ríos, crear tormentas y forzar a los dioses. Hasta los animales temen a las hechiceras tesalias, los tigres les lamen las manos y las serpientes las buscan. Y a una de ellas, a Ericto, habría acudido Sexto Pompeyo, inmerso en guerras civiles y enfrentamientos fratricidas. Buscaba en ella una respuesta a la inminente batalla de Farsalia, a través de la capacidad de la bruja de transitar entre la vida y la muerte, de matar y de revivir y de comunicarse con el inframundo. Complacida por los halagos de Pompeyo, la hechicera se viste para la ocasión y elige un cadáver para hacerle hablar. «Viste un atuendo abigarrado y parecido al de las Furias por su vistosa capa, descubre su rostro echándose atrás los mechones y anuda su encrespada cabellera con guirnaldas de víboras».[61] Aunque al fantasma no le hace mucha gracia lo de volver a su cuerpo,

60. Suetonio, *Vitelio*, 14; Dion Casio, 67, 5.
61. Lucano, *Farsalia*, 650.

tiene que obedecer y profetizar. Si las brujas son capaces de mandar a los dioses y la naturaleza, mucho más a un triste fantasma cuyo cuerpo ni siquiera fue enterrado. Aun así, la bruja ofrece un premio al cadáver: darle funeral y librarle de que cualquier otra persona le pueda hacer lo mismo. Le ofrece una vida eterna y tranquila, que no es poco. Es más, cuando acaba la profecía (nada halagüeña en cuanto a la victoria o derrota, pero que promete también una buena vida en el más allá), Ericto acompaña a Pompeyo a su campamento y alarga la noche para que llegue sin peligro. En el fondo solo es terrible porque se dedica a profanar cadáveres y porque nos dicen que es terrible, porque en la escena únicamente accede a lo que le piden... y gratis.

Aun así, el ambiente es terrible y oscuro, y la figura de la malvada Ericto pervivió con fuerza en la literatura y el arte. Aparece en el *Fausto* de Goethe y en la *Comedia* de Dante, y su imagen se asocia indefectiblemente al cuadro de John Hamilton Mortimer. Cervantes recreó la escena en *La Numancia* y Luis Zapata de Chaves en el *Carlo Famoso*, mediante una bruja tunecina. En *El coloquio de los perros*, de Cervantes, también aparece nombrada, junto con Circe y Medea, así que seguía en el imaginario colectivo como ejemplo perfecto de bruja. Lucano creó una escena tan icónica que no podía perderse.

Aparte de cuestiones importantes como detener ríos, alargar noches y predecir los destinos de los hombres, las brujas aparecen la mayoría de las veces dedicándose a cuestiones más mundanas, como el sexo y la venganza. En muchas ocasiones, de hecho, ambas cosas iban de la mano. Las brujas de *El asno de Oro*, de Apuleyo, son lujuriosas y rencorosas. Meroe era una bruja que llevaba una taberna y que había convertido en su esclavo, sexual y laboral, a un infortunado viajero; cuando este habla mal de ella y se decide a abandonarla, actúa con violencia. Junto a su hermana Pantia, por la noche, cambia el corazón de su víctima por una esponja para que, cuando despierte, solo pueda sentir un hambre y una sed inagotables que no hacen otra cosa que hincharle hasta la muerte.[62] Otra víctima que se menciona en esta historia es, precisamente, una mujer embarazada a la que retiene el parto. La bruja lujuriosa y que afecta a la fertilidad de la comunidad ya está dibujada en estas historias. Por otro lado, la bruja demuestra cierto sentido del humor en sus venganzas. A un amante infiel lo convierte en castor. En el mundo antiguo se creía que estos animales, que sabían que los cazadores buscaban, sobre todo, sus genitales, se castraban a sí mismos para escapar con vida. A un tabernero cercano lo transforma en una rana, metáfora habitual en referencia al aguar demasiado el vino. Ya se sabe que «más vale morir en vino que vivir en agua, le dijo el mosquito a la rana». El mismo protagonista de la historia, Lucio, andaba errante y pesaroso bajo la forma de un burro por haberse entrometido en las artes mágicas ajenas. Pero no solo eran capaces de transformar a otros, sino también ellas mismas, y convertirse en comadrejas o, sobre todo, búhos y otras

62. Apuleyo, *El asno de oro*, I, 11 y ss.

aves nocturnas, algo que hace otra de las brujas de la obra, Pánfila, para intentar robar un cadáver.

En este aspecto la hechicera Circe resulta una nota disonante, en cierto modo, quizá porque pertenece a otro mundo, con otro tipo de mujeres; quizá porque, en realidad, era una semidiosa, hija de Helios, el sol, y de una oceánide o de Hécate. Lo mejor de dos mundos, poderosa por derecho propio, en su palacio en medio de su isla. Era también un pelín celosa de su intimidad, y transformaba en animales a aquellos que osaban entrar en sus dominios. Así pues, el palacio estaba rodeado de lobos y leones. Esta maga aparece en la *Odisea* porque convierte en cerdos a los compañeros de Odiseo, pero no puede hacer lo mismo con él, gracias a la ayuda divina que tenía el héroe. Al final pasan un tiempo juntos de amoríos, la maga devuelve la forma humana a la tripulación y le indica cómo volver a Ítaca. Podríamos comentar cómo Penélope tejía y destejía esperando su regreso, mientras Odiseo tenía hijas con seres divinos en islas paradisiacas. Sin embargo, comentaremos el dato de que convierta en cerdos a la tripulación, mientras que lo que rodea su palacio son predadores. Ninguna de las opciones en torno a esa diferencia es buena.

Al contrario que otras brujas, la hermosura de una semidiosa en una isla, con animales y en medio del Mediterráneo, no solo ha dejado una gran cantidad de reinterpretaciones y resignificaciones en la literatura, sino que el arte se ha poblado de Circes románticas y sexualizadas.[63] También ha

63. Paz Fernández, M. (2009), «Maga famosissima y clarissima mere-

poblado el mundo de las marcas comerciales y de asociaciones, de tiendas de arte y proyectos. Su historia sonaba mejor y más reapropiable que las de Medea o Ericto, aunque en la Antigüedad pretendiese ser igual de intimidante. Si me preguntáis, a mí una Ericto que te paga por los servicios y te adivina el futuro me suena bastante mejor que una señora que se dedica a comerse a sus invitados o, al menos, a convertirlos en animales de compañía y esclavos sexuales.

Las brujas, magas o sagas del mundo clásico no eran las brujas de época moderna y no pactaban con un demonio único ni volaban en escobas. Pero el tópico estaba creado, con sus elementos atemporales y atractivos para la configuración del contramodelo ideal de una mujer perfecta. La comunicación con los muertos de Ericto o de las brujas Sagana y Canidia, de Horacio.[64] La soberbia ante los dioses y la crueldad con los hombres, o su tendencia a usarlos para satisfacer una sexualidad desbordante e incontrolable. También el uso de ingredientes provenientes de muertos o abortos, la alteración de la fertilidad y el asesinato de bebés, que convirtió a las comadronas en una figura pareja y, por tanto, objetivo de ataques. La asociación con la noche, las rapaces nocturnas, la luna y la naturaleza. No era algo bueno por mucho que ahora nos parezca fascinante. Tampoco lo es ahora, en realidad, cuando perpetúa el mito de los hombres racionales,

trix: algunas consideraciones sobre la figura de Circe», en *Quintana*, 8, pp. 213-229.

64. Horacio, *Sátira I*, 8; *Epodos* 3, 5; 17.

culturales y civilizados, los únicos aptos para gobernar. Existen ciertas leyendas que hay que tener cuidado al resignificar.

El contraste con la realidad

El panorama de la brujería no solo presentaba a las agentes como mujeres, sino también a la clientela como eminentemente femenina. Sin embargo, la realidad nos muestra un cuadro totalmente diferente. ¿Veis por qué no hay que fiarse de las fuentes? Poseemos testimonios de primera mano, gracias a la arqueología, que nos permiten acercarnos a la magia más popular: son las conocidas como tablillas de defixión. Se trata de pequeñas placas de plomo u otros materiales baratos en que se inscribían peticiones y deseos y se dirigían a los daimones. Estos seres no son los demonios occidentales, sino unos seres intermedios entre las deidades y los hombres, normalmente habitantes del inframundo, que podían ser convencidos o coaccionados para ejercer su poder en el mundo de los vivos. Las peticiones iban desde el castigo a los ladrones, amaño de competiciones deportivas para favorecer las apuestas (lo que podía incluir directamente lisiar o matar a los atletas o aurigas), o conseguir a la amada. Y hablamos de *amada* en femenino porque la mayoría de las víctimas eran mujeres. Y hablamos de víctimas porque el consentimiento no era algo que se tuviese precisamente en cuenta.

También conservamos algunos papiros mágicos, que recogían recetas y rituales para obtener ciertos resultados. Muchos denotan una violencia bastante significativa. Podríamos decir que, bueno, el latín en general es bastante violento cuando se refiere a la sexualidad, con penes comparados con lanzas o espadas, y mujeres nombradas como tierra o bolsas, pero esto lo supera. Por ejemplo, uno decía al practicante: «Moldea dos figurillas masculina y femenina; al hombre represéntalo armado como Ares, sujetando la espada con su mano izquierda y golpeándola en la clavícula derecha; a la mujer, con los brazos a la espalda y sentada, y ata la entidad mágica sobre su cabeza o sobre su cuello».[65] No solo vemos como el hombre es el agente, sino cómo se «ata» a la mujer y se la hiere. Por mucho que sea metafórico, no deja de provocarnos un escalofrío. Las fórmulas tipo «trae a fulana junto a fulano» son habituales, y con ese género, aunque hubiera algunas excepciones.

Seguimos llamando *hechizo amoroso* a textos que dicen cosas como «que haya fuego debajo de ella, hasta que venga junto a mí, para que me ame eternamente; y que no pueda beber ni comer hasta que venga junto a mí, para que me ame eternamente». Aún más, añade «escúchame por la coacción, pues yo te he nombrado a causa de fulana, hija de mengana, para que me ame y haga cuanto yo quiera, y se olvide de su padre y de su madre y de sus hermanos y de su marido y de su amigo; excepto de mí, que se olvide de todos estos».[66] «Ve al lado de fulana y quítale el sueño y dale una quemazón de alma, castigo y aguijoneo de su mente; persíguela

65. *Textos de magia en papiros griegos*, IV, 3.
66. *Textos de magia en papiros griegos*, LXI, 1.

desde cualquier lugar y cualquier casa, y tráela así junto a mí, fulano»,[67] dice otro. Quizá el peor invoca a un daimon: «A ti te hablo, demon, demon subterráneo, en quien el poder sobre esta ha tomado cuerpo esta noche: ve a donde vive esta y tráela junto a mí, fulano, ya sea a medianoche, ya sea inmediatamente». No solo al invocante le da igual causar daño a la que se supone que ama, y pide activamente que sufra para poder forzarla, sino que, directamente, quiere secuestrarla para violarla. En serio, igual es hora de dejar de llamar a esta magia con el epíteto de amorosa y aplicarle el nombre que realmente debería tener. O inventarnos uno, pero no seguir normalizando llamar amor a cuestiones así.

Pero claro, las perversas, las brujas, las terribles eran ellas. Adivinad, por supuesto, a quiénes se persiguió en épocas posteriores. Si no contáramos con la arqueología o con fuentes más cotidianas, conservadas por la casualidad y las condiciones de ciertas regiones, si solo pudiésemos leer las fuentes, nunca hubiéramos podido adivinar qué intenciones tenían esos autores. Aún hoy parece que queremos ignorarlo. Otras fuentes también nos hablan de una realidad más cotidiana, de mujeres pobres que pedían por las calles a cambio de leer la fortuna, como las hebreas en Roma, en una imagen que quizá nos suene terriblemente moderna.[68] La idealización frente a la pobreza afecta siempre a los colectivos más

67. *Textos de magia en papiros griegos*, IV, 19.
68. Montero, S. (1999), «La remuneración económica de las adivinas y hechiceras en Roma», en *Saitabi*, 49, pp. 333-340.

vulnerables, que se romantizan para evitar mirarlos a la cara o para demonizarlos.

De hecho, tenemos un caso muy conocido de un juicio por brujería a un hombre, en que esta habría sido usada para seducir a una mujer mayor y que no solo se casase con su victimario, sino que desheredase a los hijos y familiares. Conocemos bien al protagonista: es Apuleyo, autor de *El asno de oro*, al que hemos mencionado cuando hablábamos de brujas temibles. Pues mirad quién habló. El caso, eso sí, lo conocemos por él mismo, ya que se vio obligado moralmente a escribir una obra para limpiar su nombre. Y por ella sabemos que fue absuelto, aunque puede que las cosas no estuvieran tan claras como Apuleyo nos quiere hacer creer. Quizá su mejor frase se refiere a la acusación de usar ciertos ingredientes, como peces, para realizar sus mágicas pociones. Apuleyo, indignado, dice que los poetas hablan de hipómanes e ingredientes exóticos, mientras que su acusador habla «de guisotes».

El tono jocoso e irónico del caso no solo tendría bastante que ver con el género del acusado, sino con un recuerdo a toro pasado del juicio. Es poco probable que una mujer pobre y con poca capacidad para defenderse se tomara tan a broma un juicio por daño mágico, por ejemplo. Otros casos tienen una relación tangencial con la brujería y el daño mágico, y son claramente políticos, tanto los individuales como los colectivos. En el fondo se veía lógica la asociación de la feminidad al veneno y la magia porque no se las consideraba capaces de acuchillar a sus enemigos, como haría un hombre. Hay ahí un vínculo de larga duración, que también ha afectado a cómo se perciben los asesinos en serie frente a las asesinas, o cómo se investigan estos casos.

Por ejemplo, Clodia Pulcra, nieta de Octavia, la hermana de Augusto, fue acusada de envenenamiento y maleficios, además de añadirse el adulterio a la acusación, en época del gobierno de Tiberio.[69] Tácito, como en este caso no está precisamente del lado del acusador, destaca el uso político de la denuncia y señala que Domicio Afro era mediocre y quería ganar prestigio y notoriedad con ella. Quizá debiéramos sospechar de lo mismo en otras acusaciones a las mujeres de la casa imperial. El caso desencadenó una de las escenas más particulares de la (mala) relación entre Tiberio y Agripina la Mayor. Esta va a reprocharle la persecución y lo encuentra haciendo sacrificios a Augusto, a lo que le espeta que de nada sirve rendir honores a las mudas estatuas si luego persigue a la descendencia del dios, su auténtica imagen, la verdadera sangre nacida de las estrellas. No parece que a Tiberio le sentara muy bien y Pulcra fue condenada. Poco después lo fue también Agripina.

Lo mismo pasa con Clodia —hermana del Clodio que se coló en las fiestas de la Bona Dea y se casó con Fulvia—, a quien Cicerón llama Medea y acusa de tener una conducta sexual depravada. Lo gracioso del tema es que era justamente su defendido el que estaba acusado de intentar matar a Clodia mediante el veneno, para no tener que pagarle las

69. Tácito, *Annales,* IV, 52.

deudas que había contraído con ella.[70] La distinción entre los hombres directos y las mujeres envenenadoras se cae muy pronto cuando se acude a las fuentes. Vamos a meternos un poco más en este discurso, que Cicerón pronuncia en el 56 a. e. c., justo después de haber tenido que exiliarse por culpa de la enemistad con la pareja Clodio-Fulvia, para descubrir que le habían tirado abajo la casa. Clodia ni siquiera era la acusadora principal, y su caso se había juntado con otras acusaciones, pero es en lo que se centra Cicerón. Para salvar a su defendido intenta destruir a la mujer, cargándola con todo lo que una buena matrona no debería ser, desde la brujería y el veneno a la sexualidad descontrolada. De paso que defendía a Clodio, podía dañar a una familia contraria. Como siempre, las mujeres figuraban solo como moneda de cambio en estos conflictos y más cuando eran visibles y poderosas. Llamarla «mujer no solo noble sino pública» (*muliere non solum nobili, sed etiam nota*)[71] tenía un doble sentido evidente para cualquiera, y no se priva de acusarla de incesto. Todo valía, y para cargar contra las mujeres, más aún.

La historia también nos conserva casos de envenenamientos colectivos, en que el uso de medicamentos, magia y venenos no se acaba de distinguir. No en vano la palabra *farmaka* servía para todo. En el 331 a. e. c. una crisis azotó Roma. Quizá fue una plaga, quizá hubo una crisis política o alimenticia, solo sabemos que los romanos empezaron a

70. Cicerón, *Pro Caelio.*
71. Cicerón, *Pro Caelio*, 31.

caer como moscas en ese año. Y lo sabemos no porque las fuentes nos den detalles sobre el hecho, sino porque nos cuentan que se acusó de ello a las mujeres y se inició un proceso colectivo contra un enorme número de matronas, acusadas de envenenamiento. Acabaron ejecutando a ciento setenta, una cifra más que considerable en cualquier circunstancia y más en esas épocas. Ante cualquier muerte repentina o por enfermedad, siempre revoloteaba la sospecha sobre una mujer, como si solo se pudiese morir de vejez o en la guerra.

Al fin y al cabo, la imagen de Livia en las obras de *Yo, Claudio*, tanto la novela como la serie, no es casual y no solo responde a las acusaciones o maledicencias de las fuentes, sino a todo un imaginario colectivo que asociaba la feminidad a la traición, el veneno y la magia.

Por último, también deberíamos considerar que, frente a las terribles brujas y brujerías de las fuentes, frente a las magas que levantaban muertos y los ominosos presagios de muerte y destrucción, la mayor parte de la magia era bastante cotidiana. Mucha de ella, además, no tenía la carga de maldad que vemos en las fuentes, sino que descargaba la frustración contra una sociedad injusta o sin justicia divina. Igual que queremos creer en un karma natural o sobrenatural, muchas tablillas apelaban a la ayuda de los daimones para resolver pequeños problemas, robos e injusticias. En una tablilla de defixión hallada en Itálica, una persona ruega a la deidad para que logre que quien le ha robado las sandalias se las devuelva; en otra, procedente de Uley (Reino Unido), una mujer promete a Silvano la mitad del precio de unas telas si consigue que el que las robó las devuelva; otra mujer de Sagunto, Lidia, pide algo similar, ya que le han robado la túnica.[72]

Otras veces solo intentaban manipular un poco la realidad en su beneficio, no de la forma más honesta, pero buscando un golpe de suerte o de victoria. Hemos encontrado no pocas tablillas que pretendían perjudicar a ciertos atletas, o conseguir la victoria para el equipo propio. No hemos inventado nada, aunque entonces se intentase sobornar a los dioses en vez de a los jugadores directamente, algo normal en una sociedad en la que los deportes movían tantas pasiones como en la actualidad. Al final, los daimones o las deidades menores eran unos árbitros más poderosos aunque más imprevisibles que los actuales (o los antiguos, que también existían), a los que convenía sobornar.

Para muchas personas, para grupos sociales enteros, a veces la magia era la única forma de buscar justicia, en un mundo con muy poco acceso a ella y muy poco control sobre la pequeña delincuencia. Las personas más vulnerables de la sociedad apenas podían defenderse de los abusos del resto del mundo, salvo por la pequeña satisfacción de una tablilla adecuadamente echada a un río o los intentos de control mediante la superstición y los rituales repetidos. La tendencia a acusar a las mujeres ancianas y pobres

72. CILA II, 362; AE 1979, 0384; AE 1994, 1073; Eidinow, E. (2007), *Oracles, Curses, and Risk Among the Ancient Greeks*, Oxford, Oxford University Press.

de especialmente supersticiosas tiene mucho que ver con esto.

Cuando Cicerón dice: «¿Veis cómo, a partir de unos hechos científicos, descubiertos de una manera correcta y provechosa, nuestra razón se ha ido desviando hacia unos dioses imaginarios y ficticios? Esta circunstancia engendró creencias falsas, confusa desorientación y una superstición propia casi de ancianas»,[73] casi podemos oír un tono en que mil veces nos han repetido la superioridad masculina, de una razón política y científica, frente a la emocionalidad femenina, con un paternalismo excluyente. En algunos casos, incluso, lo que nace de la absoluta desprotección pasa a convertirse en un símbolo de resistencia. No pocas mujeres, en la actualidad, han reivindicado cuestiones como la astrología o el tarot, no desde una creencia real en sus principios, sino como una forma de conversación interna y como oposición a la reacción de ciertos hombres ante dichos fenómenos.

También Persio, en sus sátiras, se burla de «cómo una abuela o una tía materna llena de supersticiones levanta de su cuna a un niño y con el dedo infame y saliva lustral empieza por purificarle la frente y los húmedos labios, pues es experta en conjuros contra el aojamiento».[74] Solo podemos ver a un conjunto de mujeres preocupadas por la supervivencia de un bebé en un mundo con un cincuenta por ciento de mortalidad infantil. Persio intenta una burla cruel y solo

73. Cicerón, *Sobre la naturaleza de los dioses*, II, 28, 70.
74. Persio, *Sátiras*, II, 30.

podemos ver como la abuela y la tía se implican, como un conjunto, con la recién parida y su descendencia; solo podemos ver una ausencia masculina. ¿Por qué ellos no estaban dispuestos a intentarlo todo?

Demonios femeninos

Había otro escalón en la monstruosidad femenina, uno más allá de las temibles brujas necromantes, y eran los seres sobrehumanos femeninos, la cúspide de la maldad femenina, encarnada en una serie de personajes temibles.

En el Talmud encontramos la figura de Lilith, terrorífica madre de demonios, que vaga por la tierra. Había sido la primera mujer de Adán, creada también de la tierra, aunque no del barro limpio sino de sedimentos sucios, expulsada por su mal comportamiento y rebeldía. Así pues, se la fue asociando con la figura de los súcubos y demonios y, además, tuvo hijos con el demonio en forma de serpiente. Acechaba a los hombres en sus sueños para complacer su excesiva sexualidad. Si alguien se pregunta cuál era su rebeldía, esa falta que mereció un castigo eterno y la convirtió en un ser errante, fue el creerse igual al hombre. La leyenda de Lilith no era solo una historia de terror para contar de noche a los niños, más bien una historia de terror para aleccionar también a las niñas.

Pero Lilith se aleja en cierto modo de la imagen que solemos traer a la mente cuando hablamos de monstruos y se acerca a la figura de la *femme fatale*. Forma parte de una especie muy particular de monstruos femeninos que se sirven de su belleza y sexualidad para seducir a los hombres. O de su voz, como las sirenas, que atraían a los hombres a las rocas. La mujer insaciable se alimentaba de los hombres, de una forma bastante literal en este caso.

Las sirenas se relacionaban con el mundo de los muertos y funcionaban como espejo de las Musas. Eso las convertía también en seres de duelo, como en la *Helena*, de Eurípides, en que la desafortunada mujer pide que acompañen su lamento e invoca a Perséfone para que las envíe. Por esta relación con el otro mundo, estas figuras de sirenas o esfinges, normalmente aladas, eran también seres protectores, como también podía serlo la gorgona. En numerosas tumbas nos las encontramos alzando el alma del difunto a los cielos, cuidadosamente resguardada entre sus garras, a salvo de los peligros del camino. Los monstruos siempre han sido elementos ambiguos, como también los dioses asociados a las enfermedades, el caos o la muerte. Son peligrosos pero se desea tenerlos de nuestro lado, guardándonos las espaldas.

Las sirenas son la sabiduría que lleva a la muerte, el encanto femenino deseable y deseante que ofrece el mundo. Por otro lado, en ningún momento se dice que las sirenas mientan, a diferencia de otras construcciones. La figura evolucionó perdiendo esa característica de la sabiduría, y quedó solo el canto puro, la seducción absoluta. El cuento de la sirenita, por otro lado, y la posterior adaptación al cine, daría una vuelta de tuerca a la figura, que se convertiría en un ser inocente y puro frente a un mundo exterior complejo y peligroso, con un amor a primera vista que le costaría la vida. Mientras que en el cuento tradicional la sirena acaba muriendo o, al menos, transformándose en un espíritu, la película infantil no podía sino hacer triunfar un amor con pocas esperanzas. La historia, en realidad, es bastante terrible.

Las figuras mitológicas siempre son complejas y todo lo que puede dañar también puede proteger o ayudar, dependiendo del momento. El gorgoneion, al fin y al cabo, también era un elemento apotropaico (de protección) que encontramos en el fondo de muchos vasos de banquete. Siempre se puede instrumentalizar lo que se rechaza. Medusa era una de las gorgonas, la única mortal, un monstruo con serpientes en la cabeza que petrificaba a todo el que se cruzaba con su mirada. Las tres gorgonas, Medusa, Euríale y Esteno eran en la mitología griega seres antiguos, hijas de Tifón y Equidna, monstruos anteriores a los hombres. A veces eran, en cambio, hijas de Forco y Ceto, dos deidades marinas primordiales. Representaban un poco el equivalente a la representación del mundo de Cthulhu en el mundo antiguo, pero con esa feminidad peligrosa que hemos ido viendo a lo largo de este libro.

Medusa murió a manos de Perseo, que tan solo quería su cabeza para completar una prueba (las eternas pruebas de los héroes), para salvar a su madre y conseguir la mano de la princesa. Si os fijáis un poco, todas las historias se parecen. De hecho, en parte es así. En 1928 Vladimir Propp, un lingüista ruso, publicó una obra en que analizaba los cuentos rusos. La llamó precisamente así, *Morfología del cuento*, y en ella sostenía que, en realidad, todas las historias del mundo se reducen a treinta y una funciones y siete esferas o personajes. No todas las funciones o personajes aparecen en todos los cuentos, pero todos los cuentos se componen combinando algunas. El héroe, el villano, el rey o la princesa, en historias sobre el héroe que viaja, es engañado, recibe objetos mágicos, vence o regresa de incógnito, a veces se transfigura (llevando a la muerte y resurrección, o la transformación en leyenda o legado).[75] También Perseo cumple estas funciones y, de hecho, recibe ayuda de Atenea y Hermes para cumplir con su misión. En todo esto Medusa, en realidad, es irrelevante, no ha dañado a ninguno de los protagonistas y no tiene ni idea de lo que se le viene encima.

El diseñador de moda Gianni Versace escogió precisamente la cabeza de la Medusa como símbolo por sus conexiones con el clasicismo y la historia, pero también con el peligro y la seducción…, ambas cosas a la vez. Y Christine de Pizan consideraba que era su enorme belleza la que paralizaba a la gente, y que luego la metáfora o esa pequeña maldición habrían tomado carices de leyenda. En este caso Medusa habría sido peligrosa también para sí misma, pues no podía sino sentirse atraída por su propia persona. Los monstruos

75. Haced una prueba. Buscad el monumento íbero de Pozo Moro, en Albacete, y sus escenas, y buscad la prueba del héroe, la muerte y resurrección y el premio en forma de unión con la princesa. Ahora id a una película de Disney, como *La bella y la bestia* o *El señor de los anillos*. A veces, la vida te sorprende.

son feos en las leyendas, pero también extremadamente bellos; no hay forma de escapar del rechazo.[76]

Freud asocia la cabeza de Medusa al horror de la castración e incluso le dedicó un pequeño (y póstumo) trabajo llamado precisamente *La cabeza de Medusa* (1922). En realidad, más que de la castración sin más, es el símbolo de los genitales femeninos, que Freud, por lo que sea, asocia al terror. La cabeza de Medusa sería así una metáfora de una vulva con vello, que horrorizaría a los adolescentes que se enfrentan a ella por primera vez. Las serpientes, en este caso, serían también la sustitución de un pene. En fin, Freud. Igual no puede decirnos mucho de nuestro subconsciente, pero sí mucho del imaginario colectivo de su época y de los prejuicios naturalizados en torno a la corporalidad y la feminidad.

Es curioso cómo para Freud la vulva/Medusa repele por el horror y es inaccesible por el miedo, pero, en cambio, enseñar el falo sería protector por otras razones. En vez de causar pánico o repugnancia, supone un desafío y una amenaza, un «no te tengo miedo porque tengo un pene». Volvemos a las interpretaciones diversas de un mismo hecho dependiendo de la mirada del intérprete. En Roma, efectivamente, el falo también es considerado protector y desafiante, y aparece asociado a armas, tanto metafórica como iconográficamente. No solo se lo compara con lanzas y palos en el lenguaje, sino que es un amuleto contra el mal de ojo (¿cuál iba a ser si no, para

76. Garber, M. y Vickers, N. J. (2003), *The Medusa Reader*, Nueva York y Londres, Routledge.

los romanos, la solución a un mal considerado femenino?) y hay no pocos relieves, mosaicos y amuletos que representan armas y falos juntos.

Medusa también nos recuerda el miedo a la sexualidad simbolizada en la corporalidad femenina, especialmente en el pelo. La necesidad de los hombres de cubrir el cuerpo de la mujer, y especialmente su pelo, es un elemento que se repite una y otra vez en numerosas culturas, del velo griego a muchas sociedades islámicas actuales, pasando por la amplia historia del cristianismo.

En la mitología romana, o al menos en la que nos cuenta Ovidio, la historia de Medusa adquiere matices mucho más dramáticos.[77] Era una sacerdotisa de Atenea que fue violada por Poseidón en el mismo templo de la diosa. Esta, enfadada, decide el castigo, que no es otro que convertir a la muchacha en un monstruo. Algunos autores han querido ver un castigo protector, ya que la protegía de otras agresiones, pero quizá resulte algo ingenuo. No la protegió, sino que la convirtió en un trofeo para los héroes, siembre en búsqueda de presas y aventuras, haciendo de ella una víctima doble de dos tipos de violencias que se complementan, la sexual y la física. Es más, se convirtió en la víctima de un tercer tipo de violencia, la simbólica, con siglos de representación de Medusa como la mala de la historia. Aún más, Atenea ayudó a Perseo a matarla. En el mundo clásico, la diosa representaba de todo menos la sororidad.

77. Ovidio, *Metamorfosis*, 4, 883-5.

Si algo había repetitivo en los relatos del mundo clásico era que una mujer no debía sobrevivir a una violación, que se consideraba peor la pérdida del honor y su protección que la muerte. Seguro que eso eran capaces de decírselo a las esclavas, prostitutas o caseras, a las que violaban a diario. Al fin y al cabo, eso no era violación para ellos, solo su derecho..., aunque lo mismo habría dicho Poseidón. Con esta historia en mente la figura de Medusa también ha sido reapropiada no solo desde el feminismo, sino también desde una cultura popular que la ha convertido en el símbolo de la supervivencia y la resistencia frente a la violencia sexual. Los tatuajes de Medusa han adquirido cierto significado en este sentido, creando una cierta solidaridad o identidad colectiva en torno a ellos.

Si las sirenas e incluso las esfinges podían tener un carácter ambiguo, más claras en su maldad son otro tipo de demonios como las lamias, las strigas o las empusas. No está clara la relación entre las lamias clásicas y sus pervivencias con la Lamashtu oriental, una especie de demonio que robaba niños de sus cunas, siempre sedienta de sangre, pero tampoco cabe duda en el parecido del arquetipo. En el fondo representa un miedo que está presente en muchas culturas y aparece normalmente en forma de ser femenino: la envidia de la maternidad, la maternidad frustrada, el ataque a la maternidad, la destrucción de la fertilidad... son elementos y miedos que se asocian a lo femenino. Lo femenino malvado destruye las características de la feminidad en el imaginario colectivo mientras se apropia de ellas.[78]

Estos seres son femeninos, pero no son del todo humanos o, más bien, son lo contrario a lo humano, aunque puedan disfrazarse de ello. En algunas fuentes no sabemos, de hecho, diferenciarlas bien. Canidia, la bruja de Horacio que ya mencionamos, usaba plumas en sus hechizos, aunque no queda claro si de simples mochuelos o de strigas, y lo mismo pasa con los hechizos de amor que narra Propercio. Las strigas se mueven entre el búho monstruoso, el vampiro y la bruja alada, lo que hace preguntarse a Plinio si realmente existen aves así.[79] Aparecen en nuestros textos intentando robar a los niños de las cunas, destrozándolos allí o consumiéndolos y alimentándose de su sangre.[80]

Por supuesto, como toda monstruosidad femenina, no se quedaba en el campo de las fantasías, y lo encontramos usado como insulto. Aulo Gelio recoge un fragmento de una comedia de Menandro, hoy perdida, en que un hombre llama lamia a su esposa, hablando con otro, y la describe así: «Es una tirana en la casa y en el campo. De todo cuanto tengo que aguantar, es lo más insoportable de lo insoportable. Resulta insufrible para todos, no solo para mí: también para su hijo

78. Sobre estas figuras: González Terrija, A. A. (2016), *La dulce mano que acaricia y mata: figuras siniestras femeninas en el mundo infantil grecolatino*, tesis doctoral UNED.
79. Propercio, 3, 6, 25-30; Plinio, *Historia natural*, XI, 95.
80. Ovidio, *Fastos*, 6, 131-168.

y, sobre todo, para su hija».[81] Las prostitutas eran igualmente comparadas continuamente con este tipo de monstruos, como consumidoras de hombres, ya fueran las jóvenes como tentadoras o las viejas por monstruosas. A veces se destaca la conjunción entre las lobas, las prostitutas (*lupae*), las lamias y los demonios como elementos para asustar a los niños, a modo de coco.[82]

En la Edad Media y Moderna se seguiría discutiendo sobre su existencia y naturaleza, y su figura se acercaría a la de las brujas, mientras se desarrollaban los vampiros, con un corte más aristocrático.[83] Al fin y al cabo, mientras Drácula es un noble y los vampiros representan una lucha entre estratos sociales, los miedos nocturnos permanecen en un sustrato mucho más básico. Las lamias aún habitan los bosques vascos, y las strigas las pesadillas de rusos y rumanos. También han sobrevivido en el nombre científico de las rapaces nocturnas que nos arrullan o asustan por la noche. Lo mismo ha pasado con otros monstruos femeninos que pueblan nuestra geografía, ciencia, imaginario y refranes. Estamos entre Escila y Caribdis.

81. Aulo Gelio, *Noches áticas*, II, 23.
82. González Terriza, A. (1996), «Los rostros de la Empusa», en *Cuadernos de filología clásica: Estudios griegos e indoeuropeos*, 6, pp. 261-300.
83. Freán Campo, A. (2024), «La strix romana: análisis y caracterización», en *Florentia Iliberritana*, 34, pp. 145-164.

Mártires y herejes

A diferencia de las lamias o las brujas, no se nos ocurriría asociar a las mártires cristianas con mujeres perversas. Siglos de fuentes cristianas y películas de *peplum* en Semana Santa han conformado un imaginario colectivo que nos presenta a bellas mujeres muriendo con dignidad frente a toros y leones. O, en el caso de las películas, salvándose *in extremis*.

Sin embargo, costó mucho imponer esta versión, ya que la visión romana de las comunidades cristianas distaba de ser buena. No pasaba solo con los cristianos, pues los romanos se caracterizaron, al contrario de la idea que flota en el imaginario colectivo de un sincretismo feliz por todas partes, por poner problemas ante la adopción de ciertas deidades, sobre todo las de origen oriental. Los cultos egipcios, por ejemplo, tuvieron un largo camino de rechazo y persecución antes de lograr su integración en el panteón romano. Entre el 59-58 a.e.c. hubo el primer episodio de persecución por parte del Senado, para volver a ser reprimidos y expulsados en época de Augusto.[84] En este segundo capítulo parece que la violencia no fue excesiva, ya que, aunque los prohibió en la ciudad, permitió que la gente pudiera seguir adorando a estos extraños dioses en sus propiedades privadas. Ojos que no ven, corazón que no siente, debió de pensar.

Posteriormente Tiberio volvió a reprimir los cultos egipcios y unió a estos los judaicos, que el Estado ya empezaba a

84. Tertuliano, *Apologético*, VI, 8; Dion Casio, LIII, 2; 54, 6.

considerar un problema. De hecho, es probable que el cristianismo, al principio, sufriera una represión mal diferenciada de la que sufría la religión judía, y que los romanos tardaran un tiempo en empezar a distinguir entre cultos. En este caso no solo se produjeron expulsiones, sino que también se quemaron objetos sagrados.[85] Tácito nos cuenta que unas cuatro mil personas fueron desterradas y enviadas a Cerdeña, con la esperanza de que murieran por el clima, y Suetonio que el emperador mandaba sistemáticamente a los jóvenes judíos alistados en el ejército a las peores provincias. Estas medidas se enmarcaron dentro de otras de carácter moral que afectaban a las mujeres y el adulterio y, de nuevo, vamos a la asociación entre género, magia, adulterio y envenenamiento. Por mucho que ciertos cultos pudieran ser legales, no tenían por qué ser aceptados en todo momento, ni bien considerados..., y todo lo mal considerado se asocia al resto de los elementos morales cuestionables, como ser mujer.

Las mujeres tenían un papel fundamental en la crítica a estos cultos considerados inferiores o sectarios, así como luego en las críticas a las herejías dentro del cristianismo. Celso, sobre los cristianos, decía que «al reconocer que tales hombres son dignos de su Dios, muestran bien claramente que no quieren ni saben conquistar sino a los necios, a las almas viles y sin apoyos, a los esclavos, a las pobres mujeres y a los niños».[86] Ahora bien, si las mártires fueron rehabilitadas

85. Suetonio, *Tiberio*, 36; Tácito, *Annales*, II, 85, 5.
86. Celso, *El discurso verdadero contra los cristianos*, 37.

y ensalzadas por su comunidad, que se lo pudo permitir gracias al triunfo de su religión, esa figura solo se trasladó, sin desaparecer. Lo que fueron las mártires para los romanos pasó a la figura de las herejes para los cristianos.

San Pablo, en la Carta a Timoteo, dice que hay que prevenirse contra los falsos predicadores «porque estos son los que se meten en las casas y llevan cautivas a las mujercillas cargadas de pecados, arrastradas por diversas concupiscencias. Estas siempre están aprendiendo, y nunca pueden llegar al conocimiento de la verdad».[87] Jerónimo, cuando quiere criticar a Priciliano como hereje, dice que sus discípulos le quieren mucho y se encierran con «mujerzuelas»; y de Simón el Mago que fundó su secta con la ayuda de «la ramera Helena»,[88] lo cual es curioso porque precisamente él se rodeó de mujeres y vivió de ellas, hasta el punto de que también fueron mujeres las que financiaron las Iglesias que fundó y su exilio.

En realidad, daba igual cuántas mujeres hubiera en un culto, o la importancia que llegaran a alcanzar, la cuestión era usar su presencia como arma, como forma de demostrar que la creencia tenía que ser absurda o sectaria si a lo que atraía era a seres débiles y poco inteligentes. No se trataba de un mero recurso ocasional, sino que esta asociación en su fundación o conformación entre herejía y mujer fue fundamental en el argumentario del cristianismo primitivo, tanto

87. 2 Timoteo 3.
88. Jerónimo, *Epístolas*, 133, 3.

como lo había sido para los romanos en el descrédito de su culto.[89] La hereje, la cristiana, la loca, la idiota, la prostituta, la rebelde eran elementos que se mezclaban en el imaginario colectivo de forma muy poderosa.

La herejía, como tal, es una creación cristiana, al menos desde nuestra visión. Las religiones del mundo antiguo tenían el concepto de impiedad y ateísmo o contaban con la existencia de elementos contraculturales, como el caso de ciertas prácticas mágicas, cierto tipo de sacrificios humanos en las regiones celtas... o el concepto de dioses falsos, pero no podían imponer un canon ni un relato único, ni podían imaginarlo como tal. Los mitos corrían con versiones diversas, los dioses se incorporaban o salían de los panteones, se confundían o se reemplazaban unos a otros usando apodos, las tragedias alteraban las historias conocidas por todos y los rituales privados podían ser variados. En cambio, el cristianismo intentó muy pronto crear y mantener una doctrina única y homogénea, aunque no siempre coherente o comprensible. Había también factores relacionados con el poder de las distintas comunidades y personajes, así que el grito de ¡herejía! surgió pronto y se necesitaron todos los recursos posibles para destruir las bases de la argumentación ajena.

La caracterización de la herejía a través de sus mujeres no servía solo para desacreditar las creencias ajenas como

89. Marcos, M. (2005), «Mujer y herejía en los orígenes del cristianismo», en Gómez Acebo, I., *La mujer en los orígenes del cristianismo*, Bilbao, Desclée De Brouwer, pp. 97-140.

propias de necios y débiles mentales, sino también para ir devolviendo a las mujeres a un papel doméstico, alejado de los espacios de poder que habían conseguido en el cristianismo primitivo, más a pesar de los señores cristianos que por su connivencia en ello. Cuando a la Iglesia le tocó lidiar, en la Edad Media, con el catarismo y su visión de la vida, la política y la realidad, el hecho de que las mujeres tuvieran una cierta libertad y autoridad fue un argumento claro en su crítica. Curiosamente, por casualidades o ironías de la vida, el principal perseguidor y ejecutor de cátaros, Simón de Montfort, murió por la acción de mujeres, las que manejaron la catapulta cuyo disparo acabó acertándole de pleno en la cabeza. Probablemente sea una construcción, perfecta para cerrar un círculo de mujeres, herejías y violencias. O quizá solo se trate de justicia poética.

4
El sexo

Desviadas y adúlteras

Si la naturaleza de la mujer era física y corporalmente peligrosa, y su manejo del poder una derivación de la misma, la sexualidad era una de las formas de expresar y transmitir esa peligrosidad. De hecho, la sexualidad era vista como un elemento peligroso y contaminante *per se*, aunque fuera también un mal necesario en la reproducción o un elemento de placer. La sexualidad activa te impedía acercarte a un templo, porque te contaminaba (lo mismo que tocar cadáveres), pero los autores clásicos ven, por ejemplo, el sexo con prostitutas como una forma de evitar peligros para las mujeres casadas. Era bueno tener sexo con la esposa, porque había que traer hijos al mundo, pero no que disfrutara, aunque sí un poco, porque igual era necesario o porque si no lo iba a buscar en otro sitio. Era todo demasiado caótico para griegos y romanos. Las mujeres eran complicadas y el sexo también, aunque la mecánica parezca sencilla.

Un aviso: la sexualidad no ha sido nunca, ni es hoy, solamente un elemento limitado a esos aspectos, sino que es también un ámbito de expresión del género, el poder, la jerarquía, la violencia o la ternura. La sexualidad permea de una forma increíble todos los elementos de nuestra sociedad, ya sabéis: «Todo es sexo, salvo el sexo, que es poder». Sociedad y sexualidad se configuran mutuamente. En el mundo clásico la virilidad se expresaba, por ejemplo, a través de la actividad, y esa era la orientación sexual básica, que el poderoso fuera activo y los elementos subordinados pasivos, ya se tratase de hombres, mujeres o cualquier otro género... y edad.

También la violencia sexual es un elemento omnipresente en, básicamente, todas las sociedades, pero solo sirve como mecanismo de control efectivo cuando puede culparse a la víctima. Este es el elemento realmente importante. «Si no hubieras hecho esto, no habría pasado nada», «si no te hubieras vestido así, o dicho lo que dijiste, no hubiera pasado nada». Y el mundo clásico no era una excepción. De hecho, modeló muchos de los mecanismos que aún hoy funcionan.

Poderosas y desatadas

Si la forma fácil de criticar a un hombre poderoso era feminizarlo, la más sencilla aún de criticar a una mujer era... hacerla más mujer. Y eso requería más descontrol, más lujuria, más traición, más peligrosidad y más insensatez. De hecho, mucha más insensatez. Todo esto, además de crear maravillosas villanas malvadas, servía para encubrir intrigas y luchas de poder más prosaicas, aunque mucho más letales.

Esto es algo que se ve muy fácilmente en las mujeres de la familia Julio-Claudia. Quizá las dos mujeres más famosas en este sentido fueron Julia y Mesalina, y esta última ha pervivido de una forma increíble en el mundo audiovisual y el imaginario colectivo. Vamos a ver qué nos dice San Google sobre ellas, en una breve búsqueda: «La escandalosa y promiscua vida de Julia la Mayor», «Julia la Mayor, la viuda alegre de Roma», «La isla a la que desterraban a las mujeres lujuriosas», «Mesalina, la disoluta emperatriz romana»... Hay mil ejemplos, pero, sin duda, mi preferido es: «Mesalina, la esposa ninfómana que engañó al emperador Claudio con doscientos hombres en un solo día». Los autores romanos hicieron bien su trabajo y nos los hemos seguido creyendo durante dos milenios.

Las fuentes nos mienten y nos hemos creído el relato. Esa es la excusa fácil, decir que simplemente carecimos de análisis, que nos dejamos engañar. Pero hay fuentes que también nos dan pistas. A veces a las construcciones se les ven las costuras. Plinio el Viejo, cuando habla de las desgracias de Augusto, entre conspiraciones, guerras y peligros, habla de cómo había desterrado a su hija Julia a una isla, aislada y privada de lujos o entretenimientos, y cómo, pese a los ruegos del pueblo, jamás la dejó regresar a Roma. El autor comenta que su hija, efectivamente, cometió adulterio, que era la excusa que se dio para el destierro, y la que dan por buena el resto de los autores, pero destaca que el problema real vino con el descubrimiento de los planes de parricidio; probablemente una cuestión iba de la mano con la otra, aunque la segunda parte la omiten sistemáticamente las fuentes. Suetonio, por otro lado, no nos cuenta nada de conspiraciones tras las cortinas de palacio, pero sí que la oposición a Augusto se organizó para rescatar a Julia la Mayor de la isla en la que estaba relegada. La idea era restituir también a Agripa y presentar a ambos ante los ejércitos, para dirigir una revuelta. Hay que destacar esto último, porque no era que al pueblo le diera pena el castigo, es que Julia tenía un capital social ante una rebelión y ante el ejército. Cabe destacar que su estela también fue seguida por Julia la Menor, nieta de Augusto, igualmente desterrada acusada de adulterio, pero con la sombra de la conjura (por la que sí fue condenado su amante) planeando sobre su historia. Por último el poeta Ovidio, cuando enumera las razones de su propio destierro, ordenado por Augusto y que le condenó a vivir en el Ponto, en los confines de lo que se consideraba el mundo civilizado, comentaba que habían sido «un poema y un error» y repite la excusa del error en otros momentos, intentando convencer a Augusto de que no hubo maldad.[90] «Mis ojos resultaron ser testigos de un delito funesto», dice Ovidio una y otra vez. No quiere mencionar cuál es, pero dice que es algo que hizo sufrir al emperador. La asociación a la conjura de Julia parece clara. El poema se supone que fue el *Arte de amar*, y creo que cualquiera sabía

90. Plinio, *Historia Natural*, VII, 46; Suetonio, *Vida de Augusto*, 19; Ovidio, *Tristia*, I, 30; II, 207; III, 25.

que aquello no era más que una mera excusa para el destierro. Así pues, Augusto usó el pretexto de la moralidad que tan bien le había funcionado y Ovidio no se atrevió a mencionar aquello que no le hacía ni puñetera gracia al gobernante, aun mostrándose poco hábil en el resto de sus intentos de convencerle de que le dejara volver del, según él, pozo infecto al que le había desterrado. El resto de los autores siguió por el mismo camino: no es buena idea airear que las mujeres de la casa del emperador son unas conspiradoras..., ya había bastante con insinuarlo de Livia como para añadir más leña al fuego. Lo fácil fue atribuir al descocamiento y la lujuria el tema del destierro. Ahí sí, los distintos autores se esforzaron en que todo quedase lo más ficcionado y ficcionable posible.

No debió de ser fácil, entre otras cosas porque la genética de Julia la Mayor debía de tener la fuerza de una lechuga y todos los hijos salían con un notable parecido a sus padres. Ni corto ni perezoso uno de esos autores, Macrobio, inventó una cómica escena en que le preguntarían a Julia cómo lo conseguía, si eran de sobra conocidos sus adulterios. Ella respondería, en un alarde de ingenio, que nunca aceptaba pasajeros si la bodega no iba llena.[91] No sé si consigue construir una historia de lujuria incontenible y arrasadora, pero, desde luego, no la deja como menos maquiavélica, si nos paramos a pensarlo dos veces.

Si con Julia se esforzaron, con Mesalina echaron el resto. La emperatriz ninfómana, la emperatriz prostituta, la

91. Macrobio, *Saturnales*, 2, 5, 9.

emperatriz absolutamente incapaz de contenerse o pensar dos veces lo que hacía. De hecho, quedó tan bien el personaje que se convirtió en un tópico recurrente en el cine contemporáneo. Se hicieron muchas películas con su nombre en 1924, 1951 (con una maravillosa María Félix de protagonista), 1969, 1977, 1981 (esta última es, desde luego, de la que deja sin palabras, en más sentidos de los que nos gustaría reconocer) y, por supuesto, tuvo su aparición estelar en la serie *Yo, Claudio*. También sus apariciones en las artes plásticas y la literatura son incontables. En muchas de las obras aparece en posturas de las de tener contracturas tres días, pero que funcionan muy bien para sexualizarla, desde la escultura de Eugène Cyrille Brunet (1884) hasta el cuadro de Sorolla (1886). Cuando no se la representaba así, su muerte era otro de los temas preferidos y aleccionadores por parte de los artistas.

Cuando se nos cuenta que Mesalina decidió trabajar en un burdel de mala muerte ya es poco creíble, pero cuando nos dicen que no vio ningún problema en casarse con un senador aleatorio dejando tirado al emperador sin siquiera molestarse en divorciarse, ya nadie con dos dedos de frente debería creérselo. Ahora bien, si tenemos en cuenta la historia de otra emperatriz, Faustina, casada con Marco Aurelio, que participó en una «conspiración» cuando pensó que su marido había muerto para asegurar la sucesión y supervivencia de su hijo, igual podemos atar cabos. Pero claro, siempre es más bonita una historia de estupidez y adulterio que una de engaños políticos o conspiraciones.

La construcción de estos personajes nos recuerda a otro, a kilómetros de distancia, en una cultura completamente distinta, que también ha hecho correr ríos de tinta y pintura: Salomé.[92] Hija de Herodías e hijastra de Herodes, es conocida por haber pedido y conseguido la cabeza de Juan el Bautista. Pero la historia da mucho más de sí. Es una historia de deseo, turbia, de matrimonios extraños y violencia. Juan había cometido el error de posicionarse en contra del matrimonio de Herodías, quien se había casado primero con su tío, Herodes y, tras divorciarse, con su otro tío, también Herodes. Solo como curiosidad, el padre de los dos Herodes también se llamaba Herodes y quizá este es el que os suene por la matanza de los inocentes intentando acabar con Jesús. Vale, igual tampoco podemos culpar a Juan porque esto le pareciera un poco incestuoso y raro, aunque sea dentro del relato.

En el relato clásico Herodías convence a su hija de que baile para su padrastro y, una vez encandilado, le pida la ejecución de Juan, cosa que consigue. En el Evangelio de Marcos ni se la nombra por su nombre, tampoco en el de Mateo. Solo Flavio Josefo nos da su nombre. Las mujeres malvadas no necesitan siquiera tener nombre. En el fondo, es curioso como hemos ido trasladando la maldad a Salomé cuando solo sigue los mandatos de su madre y defiende el honor de su familia. La construcción de la mujer seductora,

92. Flavio Josefo, *Antigüedades judías*, XVIII, 5, 4; Marcos 6:21–28; Mateo 14:6–11.

la *femme fatale*, obvia al hombre dispuesto a ejecutar a un hombre porque se lo ha pedido su hijastra, a la que desea, después de concederle un baile. La construcción de la *femme fatale* continuó su camino en diversas novelas y óperas en las que Salomé se enamora de Juan y besa su cabeza cortada, como en la tragedia de Oscar Wilde. En algunas de las obras acaba ejecutada, al resultarle todo tan repulsivo a Herodes que no puede soportarlo.

Una vez iniciado el relato, este se despega de las fuentes, crea alas propias y vuela por la imaginación, retorciéndolo aún más, convergiendo en tópicos únicos, los de la seductora malvada, la bruja, la adúltera... Adivinad cómo se llamaba la villa del relato *Nacerá una bruja*, de la serie de Conan escrita por Robert E. Howard en 1934 (un cuento, por otro lado, bastante antisemita y con unos tintes religiosos bastante claros). Salomé le dice a Conan que cada siglo nace una bruja, que siempre es Salomé. La mujer sin nombre ahora tampoco tiene identidad.

Algo parecido sucede con otras reinas, asociadas también a la sexualidad, aunque lo que se les critique sean otras decisiones, como con la Jezabel bíblica. Suena, aparece en las películas, pero, en realidad, no sabemos nada de ella. La creación del personaje de la princesa voraz sexualmente, la seductora rapaz, consiguió su objetivo y borró cualquier rastro de las mujeres reales tras el tópico. Si con Julia podemos intentar imaginar las conspiraciones de la casa imperial, o verla solo como una mujer alegre que quería disfrutar un poco de la vida en un mundo en el que su único papel era ser moneda de cambio, las Mesalinas y Salomés se nos escapan completamente.[93] Se han vuelto una sombra que baila a la luz de una llama. La Salomé del cuadro de Moreau representa a todas aquellas mujeres que se convirtieron en mito. Ya lo decíamos: todo es sexo, salvo el sexo, que es poder.

Adulterio, ninfomanía y lesbianismo

Hemos visto que una forma muy elemental de ocultar el poder femenino era la acusación de adulterio, pero ¿qué pasaba con las mujeres que no dirigían imperios ni se relacionaban con generales? El miedo al adulterio y la traición femenina seguía siendo una constante en la sociedad romana. Ahora bien, quizá deberíamos plantearnos un poco qué hay detrás del miedo a la contaminación de la sangre en una sociedad que no tenía el más mínimo problema en la adopción, los cambios familiares o las crianzas conjuntas. Era también una sociedad que pensaba que la leche podía transmitir cualidades y vicios pero que, aun así, dejaba en manos de nodrizas, sistemáticamente, la crianza de sus hijos más selectos.

Aquí conviene hacer también un inciso legal, uno que explica mucho sobre acusaciones cruzadas y tópicos sobre el

93. Esta segunda visión de Julia, por ejemplo, es la preferida por Emma Southon en su reciente libro *La historia de Roma en 21 mujeres* (2024, Barcelona, Pasado & Presente). En realidad, no son visiones incompatibles, y solo podemos intentar ver todas las perspectivas posibles..., como en cualquier episodio de la historia.

adulterio y el mal comportamiento femenino. Un inciso enormemente prosaico, lejos de las grandes historias de malvadas e ingenuos. Las mujeres aportaban a sus nuevas familias una dote: un conjunto de dinero, bienes y propiedades que pasaban a ser gestionadas, en principio, por el marido, aunque sabemos que las mujeres podían manejar sus propios bienes. Ahora bien, la dote podía ser una enorme fuente de inseguridades y ansiedades para una masculinidad que tal vez se viese amenazada por el poder y la autoridad de una mujer rica, que podían convertir al hombre en un objeto de burla social.

Marcial dice: «¿Que por qué no quiero casarme con una mujer rica, preguntáis? No quiero casarme como mujer de mi esposa».[94] Juvenal era aún peor a la hora de caracterizar a una mujer rica: «Nada hay más intolerable que una mujer rica. Su cara, de aspecto repugnante, e hinchada ridículamente por un gran emplasto de masa de harina, huele a pomadas de Popea, en las que se pegan los labios del mísero marido». El marido de una mujer rica es miserable, su cuidado, repugnante, no hay forma de librarse pues no depende de ella la caracterización.[95] Eso sí, ese mismo marido podía aspirar a retener parte de la dote de su mujer en caso de divorcio, primero por los hijos y, segundo, si ella era acusada de adulterio o simplemente de conducta impropia. No solo es ingenuo pensar que esto no fue un recurso utilizado por los hombres para enriquecerse, sino que tenemos constancia de que la

94. Marcial, VIII, 10.
95. Juvenal, *Sátiras*, VI, 460 y ss.

legislación tardía se vio obligada a enfrentarse a denuncias falsas y regular en torno a su posibilidad.[96]

En algunos casos podía ser, pero Marcial insinúa aún más y dice: «Apro, con una aguda flecha, le traspasó el corazón a su mujer, que tenía una buena dote; pero fue mientras jugaba. Apro sabe jugar».[97] Las bromas dejan de ser bromas cuando sabemos que la realidad tras ellas es literal.

De hecho, el adulterio también excusaba el homicidio. La legislación romana disculpaba el asesinato de la mujer hallada en adulterio. Augusto quiso restringir este poder y, a la vez, consolidarlo. Parece contradictorio, aunque en realidad no lo es. El emperador, muy convencido de que la sociedad siempre ansía que la convenzan de que cada gobernante inicia una nueva etapa de moralidad, belleza, orden y limpieza, publicó una serie de leyes relativas a la moral, y una de ellas, en concreto, se refería al adulterio. En la nueva ley el padre podía cometer un asesinato legal siempre que matase tanto al adúltero como a la hija. El marido, en teoría, solo podía matar al adúltero si lo pillaba en su casa, y solo si no era un ciudadano poderoso. Pero ¿de verdad no podía? En realidad, el adulterio se usaba como un atenuante. Si el asesino era humilde y se le acusaba, como mucho podía acabar con trabajos forzados.[98] Si era un ciudadano respetado, exiliado.

96. Ellwood, P. (1930), *The Roman Law of Marriage*, Oxford, The Clarendon Press, pp. 192 y ss.; *Código de Justiniano*, V, 17, 8, 2; V, 17, 11, 2; V, 13, 1, 5.
97. Marcial, X, 16.
98. *Digesto,* XLVIII, 5 (Ley Julia de Adulterios).

Estos exilios, en la práctica, eran temporales en muchos casos, y vemos a romanos destacados entrando y saliendo de Roma en repetidos exilios. El caso es que esta legislación se mantuvo en Europa hasta bien entrado el siglo XX. El código penal español de 1870 decía: «El marido que sorprendiendo en adulterio a su mujer matase en el acto a esta o al adúltero o les causara alguna de las lesiones graves, será castigado con la pena de destierro. Si les causara lesiones de segunda clase, quedará libre de pena». El de 1944 mantenía la redacción en su artículo 428. Se derogó en 1963. Todas las leyes entre la romana y este código fueron similares, entre la absolución y las penas ridículas.

Sin embargo, hay otro añadido perverso. Si bien se «controlaba» la capacidad del marido o del padre para tomarse la justicia por su mano, se hacía porque el adulterio pasaba de ser una cuestión privada a un asunto público. El marido estaba en la obligación de denunciar y repudiar, a riesgo de ser condenado como proxeneta. Si no lo hacía él, podía hacerlo cualquiera. Y si no había nadie, el emperador tenía derecho a ejercer su justicia igual. La sexualidad de la mujer pasaba a ser un asunto público; el adulterio, un delito. En España lo fue hasta la Constitución. En 1976 seguía habiendo juicios por adulterio.

Pensaréis que hablo solo de la adúltera porque este es un libro sobre las mujeres malvadas. Os equivocáis. ¿Será que simplemente he ejemplificado con las mujeres? También os equivocáis. Hablo de adúlteras porque es de lo que hablaba la ley. Solo la mujer podía ser adúltera en ese sentido. Si los hombres casados se acostaban con prostitutas, esclavas, solteras infames... no había delito alguno. No, tampoco en las leyes que llegaron al siglo XX. «Comete adulterio la mujer casada que yace con varón que no sea su marido y el que yace con ella sabiendo que está casada, aunque después se declare nulo el matrimonio», decía el artículo 449, tan complementario de ese 428. Siguió vigente hasta 1978. El hombre solo podía ser adúltero respecto a la propiedad de otro hombre, no respecto a su matrimonio, y siempre podía alegar que no sabía que la mujer estaba casada.

Por supuesto, si una mujer decidía matar a su hijo adúltero o a su marido tras enterarse de que le era infiel, el peso de la ley caía sobre ella. En este caso sí se aplicaban leyes que la castigaban con la muerte o la cadena perpetua, también desde Roma hasta el siglo XX. Por cierto, la mitad de la dote de la adúltera pasaba al marido, y un tercio del resto de sus bienes, al Estado. Y la mujer podía acabar en el destierro o ser considerada como una prostituta. De hecho, fue el método que usó Nerón para librarse de su primera esposa, según las fuentes. Octavia fue acusada de adulterio, desterrada a una isla y asesinada. La bondad de la esposa se transmite en las fuentes con la lealtad de sus esclavas, que aun torturadas defendían su inocencia. No es que los romanos no supieran cómo podían instrumentalizarse estas acusaciones. Domiciano y César usaron los mismos argumentos para repudiar a sus esposas. El miedo al adulterio femenino, la monstruosa actividad que introducía sangre extraña en la familia, era un arma potente en manos de los varones.

Es significativo, por cierto, que la víbora de Marcial alabase de forma muy poco discreta a Domiciano. El que no dejó títere con cabeza decidió que halagar al príncipe era mejor idea que criticarlo, sobre todo para poder seguir haciendo cosas de vivos. De él dijo en sus poemas, precisamente, que acabaría con los adulterios y los espadones. La vuelta a un pasado dorado tenía su símbolo máximo en la castidad de las mujeres y la *pudicitia* ('virtud, modestia'). Eran ellas las culpables, en el fondo, de todos los males de la sociedad, al no saber mantener las piernas cerradas.[99]

Por otro lado, la cosificación y el uso de las mujeres van más allá de lo económico o el placer puntual, también llevan al miedo y el odio, a la reacción violenta y al rechazo. Entre la amante maravillosa y la ramera infecta apenas hay diferencia. Quizá es algo que todas las mujeres hemos vivido, por lo menos una vez en la vida: el paso automático del flirteo al «pues bien fea que eres, so guarra». Es algo que a veces se toma con humor, pero que esconde un cierto miedo a que la violencia pase a un plano menos verbal. Una sonrisa y una retirada rápida, aunque a veces no sea posible.

Catulo, el poeta romano, se encargó de dejarlo por escrito. Amaba a Lesbia, usaba un pseudónimo y, quizá, también amaba solo una imagen. Quería una niña que le escuchara y admirara. Si la muchacha admira al poeta, entonces es una «niña más culta que la musa de Safo».[100] También decía:

99. Marcial, VI, 2.
100. Catulo, 35.

«Pues tan pronto como te he visto, Lesbia, nada queda de mí».[101] Quizá uno de los poemas más estudiados de todos los tiempos se deba a esta pasión. Seguro que os suena lo de que «los soles pueden morir y renacer; nosotros, cuando haya muerto de una vez para siempre la breve luz de la vida, debemos dormir una sola noche eterna. Dame mil besos, luego cien, después otros mil, y por segunda vez ciento, luego hasta otros mil, y otros ciento después».[102]

Ninguna sería amada nunca tanto como él amaba, decía en otro poema. Huid cuando os digan esto: en cuanto Lesbia dejó de hacerle caso, pasó a ser la ramera que «ahora por las esquinas y callejas se la pela a los nietos del magnánimo Remo».[103] Es más, en otro poema la acusa de incesto, y dice: «Lesbio es guapo. ¿Cómo no? Ese a quien Lesbia prefiere a ti, Catulo, y a toda tu familia». No solo él usa este recurso. La investigación coincide en identificar a Lesbia con Clodia, a quien también Cicerón, para defender a Celio, acusado de intentar envenenarla, la acusó del mismo delito.[104] Tampoco era algo inocente, ni un mero insulto. El incesto estaba castigado con la muerte en Roma; era una amenaza.

¿Quién era Clodia? Ya hemos hablado de ella, ¿recordáis?[105] Esa Medea, una mujer con dinero, implicada en la vida

101. Catulo, 51.
102. Catulo, 5.
103. Catulo, 37; 58.
104. Catulo, 79; Cicerón, *Pro Caelio*, 32; 36; 37.
105. Ver p. 139.

cultural y probablemente política de la ciudad, hermana de Publio Clodio Pulcro. Más allá de ser la hermana de su hermano tampoco es que se metiera demasiado en política, pero eso no la salvó de que se atacara su vida privada. No era una Livia, ni una Fulvia, pero acabó igualmente vilipendiada por la historia. A veces, no hace falta hacer, sino ser, y ser mujer te convierte en un objetivo fácil para ciertas acusaciones. Su papel en el juicio conocido era el de víctima, en un caso, además, en que Celio estaba acusado de otro asesinato. Las acusaciones de Cicerón son solo una forma de intentar desacreditarla y poder considerar el caso como una mera pelea de amantes con venganza de por medio. De Clodia poco más tenemos, salvo estos insultos personales y poco disimulados. En ambos casos es la víctima de un abogado sin demasiados escrúpulos y de un amante despechado. ¿Puede que hiciera lo que le daba la gana? Es posible. Tener dinero, una familia poco convencional y un círculo de amistades poco propensas a la seriedad puede contribuir a ello, ¿de qué la culpamos? ¿Se ven igual de mal los amoríos varios en el caso de Augusto o de César? Hemos construido la imagen de una «depravada» sobre una muchacha que solo quería disfrutar de la primavera. La libertad, o más bien querer ser libre, siempre ha tenido un precio para las mujeres.

Por supuesto, había un caso excepcional entre las descocadas y adúlteras: ¿podía hablarse de adulterio si no había hombre? Marcial, el rey en esto de insultar a las adúlteras, o en acusar a toda mujer de adulterio y rapacidad sexual, dedicó un sutil epigrama a esta situación: «Como nunca te veía juntarte con hombres, Basa, y porque ninguna hablilla te atribuía un amante, sino que a tu alrededor tenías siempre a tu absoluto servicio un grupo de tu propio sexo, sin presencia de varón, me parecía que eras, lo confieso, una Lucrecia. Pero tú, Basa —¡qué atrocidad!—, hacías de macho. Te atreves a unir entre sí coños gemelos y tu enorme clítoris hace las veces del varón. Has ideado una monstruosidad digna del enigma tebano: que, aquí donde no hay varón, haya adulterio».[106] No es que consideraran del todo que un cunnilingus heterosexual era sexo del bueno, del de verdad, del que necesitaba un pene. Marcial acusa también a un tal Gargilio diciendo: «Se lo lames, no te tiras a mi chica, y te pavoneas de adúltero y follador. Si llego a atraparte, Gargilio, callarás».[107]

El caso es que las tribades o «frotadoras» resultaban monstruosas no por el hecho del adulterio, sino por la falta de varón. Una mujer sin un hombre era algo incompleto, el sexo sin penetración, una entelequia, y eso solo podía acabar en la consabida pregunta de: «Pero ¿quién hace de hombre?». La marimacho como tópico de mujer, si no malvada, al menos apartada de la naturaleza. El poeta nos trae a otra desviada además de Basa: Filenis. Sodomizaba muchachitos, lamía coños, se dedicaba al deporte y la lucha y a comer como si no hubiese un mañana. Dieciséis bollos regados en vino tras entrenar y antes de dedicarse al lujurioso sexo con

106. Marcial, I, 90.
107. Marcial, III, 96.

sus amantes. Quizá la construcción de la desviada, en este caso, no nos suene tan mal, aunque nos recuerde a cierta cantidad de vendehúmos de gimnasio que proliferan por las redes. Al menos Filenis no engañaba a nadie.[108]

La lesbiana cabalgaba a su amante tras un banquete, y meaba en el altar del pudor. O besaba como un hombre a su pareja, en medio de una fiesta, mientras bromeaba con sus invitados (y, sobre todo, con sus invitadas).[109] Pero tras las historias jocosas o aparentemente inocentes y burlescas se esconde la construcción de una serie de tópicos que conforman lo que Beatriz Gimeno llamó la *lesbiana perversa*.[110] La autora ponía como ejemplo el caso del asesinato de Rocío Wanninkhof, de diecisiete años, del que se culpó a Dolores Vázquez. La forma en que los medios trataron y construyeron el caso y la figura de un monstruo es paradigmático. La presentaron exactamente igual que a Filenis, como violenta y con afición a las artes marciales y la halterofilia, como una seductora de jovencitas que tampoco tenía problemas en acostarse con hombres, como la depravada que vivía fuera de la norma sin arrepentimiento ninguno.

La figura de la lesbiana se sitúa fuera de la sociedad, es la transgresión misma al género. De hecho, la imagen que nos presenta el mundo clásico encajaría bien en las revueltas

108. Marcial, VII, 68.
109. Juvenal, *Sátiras*, VI, Luciano, *Diálogo de las cortesanas*.
110. Gimeno, B. (2008), *La construcción de la lesbiana perversa*, Barcelona, Gedisa.

de Stonewall. La lesbiana pone en cuestión todo lo que se había dicho que tenía que ser una mujer, esposa y madre, y no se define a través de un hombre, sea su padre o su esposo. No es la mujer sin nombre que solo aparece como familiar del verdadero protagonista, cuya desgracia la impulsa o le hunde. Y hay pocas cosas que lleve peor el sistema que un desafío directo, que la negativa a jugar según las normas. Parte de ello es también lo que se ha llamado el *síndrome de la lesbiana muerta*, la tendencia inmisericorde de los personajes lésbicos de acabar muertos. Es la extensión del *Bury your gays* ('entierra a los gais') americano, una advertencia a través de la ficción sobre el trágico destino de todo aquel que se salga de la norma de la identidad u orientación sexual hegemónica.

La prostituta buena y la ramera rapaz

Si la dicotomía matrona-prostituta servía como elemento de definición social, la dicotomía entre las mismas prostitutas también era importante. No solo servía para modelar la figura de estas, sino de todas las mujeres que, por aproximación, podían caer en desgracia. Al fin y al cabo, según el derecho romano, la prostituta no era la que cambiaba sexo por dinero de vez en cuando, sino la que vivía como tal.[111] Eso sí, también se dejaba claro que la prostituta buena, por

111. Digesto, XXIII, 2, 43.

muy buena que fuera, pocas veces podía aspirar a un olvido de su pasado.

La «prostituta buena» es un tópico en la historia romana. De hecho, en un relato humanizado de Rómulo y Remo, la loba que cuidaba a los hermanos abandonados, en vez de ser un miembro de la especie *canis lupus*, era una mujer denominada también *lupa* por su profesión, la prostitución. Hasta tendría nombre, Acca Larentia. El personaje acabó mezclándose con uno del mismo nombre, una prostituta cuyos servicios y persona ganó Hércules en un juego de dados con el guardián de su templo (si te jugabas una cena, no podía faltar la prostituta añadida). Pero como los dioses son generosos cuando están satisfechos, le dio como pago un buen matrimonio y riqueza... y el poder olvidar su condición anterior. Se casó con un hombre rico, de quien fue luego viuda y, al morir sin hijos, nombró heredera a la ciudad de Roma.[112] Por supuesto pagar mucho siempre asegura honores, y acabaría no solo enterrada en un lugar preeminente, sino que anualmente se celebraron fiestas en su honor, las Larentalia.

La prostituta buena no solo no tenía que cobrar, sino que tenía que pagar o sacrificarse. Volvemos en este punto a Hispala Fęcenia y las bacanales, pero de nuevo nos remitimos al capítulo en que hablamos de la represión a través de la religión. Su condición de «prostituta buena» es solo un tópico en una historia llena de ellos. Así que pasaremos de puntillas por ahora.

112. Livio, I, 4; Macrobio, *Saturnales*, I, 10, 12-15.

También podía elegir arrepentirse y vivir en castidad y arrepentimiento, como las prostitutas del cristianismo primitivo, que acabaron como ascetas en el desierto. Formar parte de las Madres del Desierto les devolvía autoridad y buena fama, aunque con el precio de renunciar no solo a la sexualidad, sino también a todo el resto de lo relacionado con la carne, desde la alimentación al sueño. María de Egipto o Pelagia se cuentan entre estas «arrepentidas». Una vez más, vamos a parar un segundo: ¿arrepentirse de qué? Las prostitutas solían ser esclavas, e incluso las de «élite» tenían una carrera corta en la que debían asegurar su futuro, en forma de matrimonio o de riqueza suficiente como para montar su propio burdel. Hispala Fecenia era liberta, pero no había podido salir de la profesión que ejercía cuando era esclava. Las salidas de la profesión eran huidas y necesidad, no arrepentimiento, como tampoco era vicio su profesión. La prostituta como mujer malvada ocultaba la vulnerabilidad más absoluta.

Quizá debiéramos recordar qué conllevaban los lugares de «arrepentimiento» para mujeres desviadas en épocas posteriores, no solo en la Edad Media o Moderna, sino también en nuestros tiempos. El Patronato de Mujeres en la España contemporánea (que pervivió hasta bien entrado el periodo democrático)[113] fue una institución que se encargó de la

113. Guillén Lorente, C. (2020), «El Patronato de Protección a la Mujer: moralidad, prostitución e intervención estatal durante el franquismo», en *Bulletin d'Histoire Contemporaine de l'Espagne*, 54. Carmen realizó su

represión de cualquier cosa que sonara a desviación de los roles establecidos para las mujeres, desde la prostitución y el lesbianismo hasta las maternidades no deseadas. Este último caso dio lugar también a robos de bebés, haciéndolos pasar por muertos al nacer, o presiones sobre las mujeres internadas en estas maternidades para que cedieran en adopción a sus hijos.

Quizá la historia que mejor ejemplifica la narración sobre la prostituta buena y arrepentida sea la de María Magdalena, tan habitual en el arte y la literatura que no suele dudarse de su veracidad. Flota en el imaginario colectivo automáticamente como una «historia bíblica» y la consideramos típica del mundo antiguo. Sin embargo, si intentamos encontrarla en el Nuevo Testamento, resulta imposible. Simplemente no está. Tenemos a una María, procedente de Magdala, dentro del grupo de mujeres que acompañan a Cristo, junto con otras como su madre. No obstante, nada la presenta como prostituta, sino como cualquiera de las mujeres de cierta posición económica y fuertes lazos familiares del grupo. En los Evangelios encontramos a una prostituta arrepentida, y una mujer que gasta su dinero en ungir los pies de Cristo, pero ninguna corresponde con María Magdalena. ¿Entonces? ¿De dónde sale? Pues de una construcción consciente de «la mala mujer» y su historia de redención. Vino de la necesidad de edificar una historia de prostitución donde había

---

tesis doctoral precisamente sobre esta institución y su papel en la represión de las mujeres en el franquismo y primeras etapas de la dictadura.

componentes de amor y complementariedad. ¿Esta historia sí está en los Evangelios? Pues tampoco, es una interpretación del gnosticismo, en el que Jesús necesitaba una pareja y la encuentra en María Magdalena, cuya unión solucionaría la cicatriz dejada por la separación de los sexos acaecida con Adán y Eva.[114]

Fue Gregorio Magno el que, en una homilía en el año 591, empezó a unir la imagen de María Magdalena y la prostituta anónima. Se crearon dicotomías como *beata peccatrix* y *castisima meretrix*, en que se seguía asociando la prostitución al vicio y la libre elección de un camino de perdición. La Edad Media fue acentuando esta unión en una única figura, que permitía reunir todos los conceptos en torno al pecado y el arrepentimiento, la confesión y la transformación.[115] Por supuesto todo esto requería no volver mucho a las fuentes, aunque no parece que fuera un problema. Pero la historia tiene aún otro giro del guion. Durante la Edad Media y Moderna la figura de la Magdalena se usó como excusa para crear representaciones sexualizadas y pornificadas femeninas, para

114. Álvarez Muñoz, M. (2005), «María Magdalena. La mujer en el cristianismo primitivo», en C. Alfaro Giner y E. Tébar Megías, eds., en *Protai gynaikes: Mujeres próximas al poder en la Antigüedad*, Valencia, Universitat de València, pp. 135-150.
115. Burnet, R. (2007), *María Magdalena. De pecadora arrepentida a esposa de Jesús*, Bilbao, Desclée De Brouwer; Monzón Pertejo, E. (2011), «La evolución de la imagen conceptual de María Magdalena», en A. R. Zafra Molina; J. Azanza López, coords., *Emblemática trascendente hermenéutica de la imagen, iconología del texto*, Pamplona, Universidad de Navarra.

consumo más o menos privado, por parte de los mecenas. Llegó a ser tan obvio que tanto las prescripciones de Trento como diversas obras se preocuparon por una tendencia tan poco edificante.[116] Nadie les hizo caso y es complicado no ver esta sexualización en obras como las de Jules Joseph Lefebvre, William Etty, Félicien Rops o Goshka Datzov. El personaje prostituido y arrepentido para ejemplificar el camino a la salvación acababa de nuevo prostituido en la mirada masculina, para placer de quienes, desde luego, no se preocupaban por su alma.

Lo mismo pasó con otras figuras, incluidas las que representaban la violencia sexual, como la de Susana y los viejos, una escena del Antiguo Testamento que incluso llegó a representarse como ejemplo de vanidad o en combinación con la idea pictórica de dicho pecado. La historia narraba el caso de una joven acosada por dos jueces ancianos, que la amenazan con denunciarla por adulterio si no cede ante el intento de abuso sexual. Como Susana no acepta, efectivamente, la juzgan, aunque sería salvada *in extremis* por un joven, que les hace contradecirse al preguntarles bajo qué árbol la vieron. Frente a las representaciones en la historia del arte que la presentaban en el momento del baño o incluso con actitud vanidosa, la representación de Artemisia Gentileschi

116. Monzón Pertejo, E. (2018), «El cuerpo de María Magdalena: representaciones, pornografía y feminismo / The Body of Mary Magdalene: Representations, Pornography and Feminism», en *Asparkía. Investigació Feminista*, 3, pp. 81-99.

era completamente diferente. Ha sido muy discutido si esta, que muestra una cara de repugnancia absoluta en Susana, es producto de su vivencia como mujer del acoso y la violencia sexual o no. Sin embargo, parece tan obvia la diferencia en la sensación que causa en el espectador que ha sido usada en un fotomontaje de Kathleen Gilje para ejemplificar precisamente la reacción de asco y miedo.

La prostituta mala, por el contrario, y (no tan) curiosamente, era la que ejercía o pretendía ejercer como tal. Es decir, la que cobraba por su trabajo, ya fuera en forma de dinero o de regalos. Es la imagen de la «prostituta rapaz» de las fuentes, que trata de esquilmar a sus clientes, engañarlos o arruinarlos, la que lleva a la ruina a los buenos hombres que se enamoran tontamente o a los pobres señores que solo querían echar una cana al aire.[117] Aristófanes, en su comedia *Pluto*, compara a las prostitutas con Circe, la famosa hechicera (o semidiosa, más bien) que convertía en cerdos a los hombres. Ellos, inocentes, no pueden evitar caer en sus redes.

Ateneo hablaba de las glotonas prostitutas que hacían ovillos de comida a escondidas, frente a la delicada delicia de la que, efectivamente, solo cogía bocaditos minúsculos durante el simposio. La prostituta mala era la que tenía hambre. Estas prostitutas, por supuesto, ejercían por placer y por su insaciable afán de sexo, como Mesalina. Toda la comedia griega se puebla de prostitutas casadas con personajes (caracterizados

117. González Gutiérrez, P. (2023), *Cunnus. Sexo y poder en Roma*, Madrid, Desperta Ferro.

como débiles o inmorales) sobre los que ejercen como sus madres, o en los burdeles a los que acuden regularmente los clientes de los que se quiere reír la obra.

Asimismo, las prostitutas se acercaban a la figura de la bruja y de la comadrona. No por nada se relacionan Venus y *venena*. Si *puta* ha sido el insulto más viejo del mundo, no es solo una referencia a la sexualidad, sino a todo ese edificio conceptual construido en torno a las prostitutas como indignas, contaminantes y peligrosas. Cuando Procopio de Cesarea (¿ya he dicho que Marcial era una víbora?, pues seguimos en las mismas) intenta denigrar hasta el extremo a la emperatriz Teodora, esposa de Justiniano, recurre precisamente a identificarla así. No solo con la prostitución, sino con el espectáculo y el teatro. De hecho, dice que empieza a ejercer cuando aún no puede soportar físicamente las relaciones sexuales y acaba diciendo que su número estrella implicaba desnudez, cebada y ocas entrenadas para coger los granos poco a poco, en una clara representación de Leda y el cisne. Cuesta pensar cómo se puede poner de villana de la historia a una niña prostituida desde muy pequeña, sin otra salida que seguir haciéndolo, junto con sus hermanas, durante toda la vida, y que solo salió de ahí por una carambola de casualidades. Pero bueno, en eso consiste todo este relato.

Por supuesto, todas esas historias servían para caracterizar a Teodora como la mujer malvada que corrompería al emperador y que traería la infamia al imperio y la decadencia al mundo. O algo así. Las prostitutas también aparecían regadas, junto con otras mujeres en general, por las conspiraciones, orgías lamentables y decadentes, escándalos y todo lo que pudiese servir para degradar a un político, sus vínculos o sus ideas.[118] A veces sucedía al revés. Aspasia es, quizá, la prostituta más conocida de la historia, el paradigma de hetaira, de cortesana de lujo que respondía ingeniosamente y vivía con lujo. La conocemos por su asociación con Pericles, por los ataques que sufrió por esta relación de pareja y por el juicio por impiedad. Conocemos las fuentes que nos hablan de que Pericles no salía de casa sin darle un beso y su formación en retórica y filosofía. Esperad, ¿realmente lo sabemos? Quizá es otro espejismo. En verdad apenas sabemos nada de Aspasia, solo mitos sobre mitos y espejos y sombras. Las acusaciones de hetaira y de concubina responden a una lógica similar a la que vimos con Mesalina, a su asociación con ser extranjera. Fiarse de Aristófanes acusándola de dirigir un burdel quizá no sea lo más prudente.[119] «¿En qué se diferencia un sofista de una hetaira?», añade, significativamente, un autor cómico ateniense no identificado, y es una pregunta que queda flotando en el aire. Hemos recibido sobre ella noticias contradictorias, siempre idealizadas, en un sentido o en otro, y se ha construido un personaje fascinante.[120] Sin embargo, es

118. Manzano Chinchilla, G. A. (2010), «Las identificaciones sociales de la prostituta en la literatura romana», en *Salduie*, 10, pp. 149-158.
119. Aristófanes, *Acarnienses,* 526-7.
120. Loraux, N. (2001), «Aspasie, l'étrangère, l'intellectuelle», en *Clio*, 13, pp. 17-42.

un personaje vacío, no hay una persona detrás que podamos alcanzar. Hemos construido una preciosa carcasa vacía entre el mito de la prostituta sabia, la rapaz y la filósofa.

Evitando la semilla

Catón dijo en un momento dado, con toda la potencia de su oratoria, que toda adúltera es una envenenadora.[121] Aquí hay un problema de traducción complicado de resolver, puesto que la palabra latina es *venefica*, y lo que dice es que toda adúltera usa drogas. A partir de ahí cada cual ha traducido como buenamente ha podido, sabido o prejuzgado, normalmente sin una nota que nos refiera al significado ambiguo de la palabra latina. Quizá realmente no haya que elegir, pues la frase, que se encuadra en una crítica al aborto de la adúltera para esconder su culpa, se refiere tanto al envenenamiento, como al aborto, como a la hechicería, tres de las opciones más escogidas por los traductores. Las fuentes clásicas combinaban sabiamente todos los matices en una palabra que, por sí misma, no tenía una carga negativa o positiva, *farmaka* y *venena* dependían, para su significado, de la intención en el uso.

Hay que tener en cuenta que los resultados de una sexualidad activa no siempre eran deseables. Una de esas consecuencias era la fertilidad, que, pese a ser una base de la ideología

121. Quintiliano, *Instituciones oratorias*, 5.11.39.

romana, también tenía sus tiempos adecuados. Por ello, la sociedad romana no tenía problemas con la anticoncepción o el aborto o, incluso, con la exposición y el infanticidio. Eso sí, como en todo, se tenían que cumplir unas normas básicas que garantizaran el orden social y la moralidad. Quizá la norma más importante era el respetar la propiedad paterna y el derecho sobre los futuros hijos, siempre que el hombre quisiese tenerlos, claro.

Otra norma era el control sobre quién vendía los ingredientes y quién los recetaba. No era solo por el hecho del control de la natalidad y, por ejemplo, la venta de afrodisiacos también se regulaba dentro de la *Lex Cornelia de sicariis et veneficis*. Tenía su lógica, ya que castigaba a los vendedores de cicuta, acónito, buprestis, mandrágora o cantáridas, por ejemplo, algunos de ellos remedios usados como abortivos o anticonceptivos.[122] La cuestión era el mal ejemplo, pero se conjugaba un uso cuestionable con un origen cuestionable y unos ingredientes cuestionables y potencialmente letales. Al fin y al cabo, nuestra sociedad también regula el uso de medicamentos, la mala praxis médica o el uso de drogas para usos recreativos o ilegales.

En un ambiente en que podía ser cuestionable la práctica médica relacionada con estos temas, una estrategia básica para transmitir el conocimiento o trabajar en torno a él fue, precisamente, culpar a las mujeres relacionadas con la sexualidad. Plinio, por ejemplo, decía que «los remedios que se

122. Digesto, XLVIII, 8, 2, 3.

han transmitido procedentes de los cuerpos de las mujeres se aproximan a prodigios monstruosos, aunque guardemos silencio sobre los abortos desmembrados en actos criminales, los usos abominables de la sangre menstrual y otras cosas que han contado no solo las comadronas sino las propias prostitutas».[123]

Según nuestro autor, tampoco es que los romanos estuvieran para quejarse de ingredientes y prácticas médicas en general. Por ejemplo: «Los epilépticos llegan a beber la sangre de los gladiadores, como en copas vivientes, espectáculo que verlo hacer a las fieras en la misma arena es también un horror. [...] Otros buscan la médula ósea de las piernas y el cerebro de los niños».[124]

En cualquier caso, la mayoría de los ingredientes eran menos exóticos. El tomillo, el perejil, la ruda o la sabina servían para estos menesteres, sin necesidad de ir a guardar abortos en frascos ni recoger cráneos de amigos para beber en ellos (sí, también cortesía de Plinio, aunque parece que no le parecía demasiado bien). No quisiera acabar este epígrafe sin un aviso para navegantes. Buscad las imágenes de un par de plantas. Por ejemplo, escojamos una común y corriente, que echamos a todos los platos (sobre todo si eres Arguiñano): el perejil. Y otra venenosa y letal, el conocido como nabo del diablo (*Oenanthe crocata L*). De hecho, buscad también cómo luce la cicuta. O la planta de la zanahoria.

123. Plinio *Historia natural*, XXVIII, 20.
124. Plinio, *Historia natural*, XXVIII, 2.

Ahora pensad si estáis completamente seguros de poder distinguirlas. Los habitantes del mundo clásico tampoco lo estaban. Por eso intentaron por todos los medios dejar claro a qué especie se referían en cada caso, a veces mediante la ilustración de los herbarios, a veces consignando todos los nombres que se les ocurrían. Es probable que gran parte del conocimiento en torno a la fitoterapia y los venenos provenga de cadenas de errores, consumo de plantas desconocidas o parecidas en épocas de hambruna y una cierta tendencia del ser humano a llevarse a la boca lo que no debe. Milenios de experiencia en esto nos aconsejan que, por favor, no hagáis experimentos.

La atribución, pues, a transmisiones secretas y casi mágicas, entre prostitutas y círculos femeninos, de remedios terribles era solo un recurso. Uno que se mantuvo en épocas posteriores cuando estos conocimientos se hicieron cada vez más peligrosos, ilegales o penalizables. La imagen de las brujas en épocas posteriores bebió también de este tipo de recursos, aunque por caminos no siempre de herencia directa, sino más bien convergentes. En este caso, y aunque nos explayaremos con las brujas, crear relatos de mujeres sabias con recetas arcanas no ayuda, ni históricamente ni a deconstruir los discursos.

Quizá la otra gran consecuencia indeseada de la sexualidad activa eran las enfermedades venéreas, pero no fue un tema de especial preocupación en época clásica, seguramente porque las que conformaron las grandes epidemias de épocas posteriores no existían, no estaban bien identificadas o se desarrollaban en variantes más suaves. Es algo obvio con una enfermedad como el sida, pero quizá menos con la sífilis, sobre la que ha existido un amplio debate. En cualquier caso, parece que, si existía, no fue hasta su mezcla con variedades americanas que se convirtió realmente en un problema serio.

Eso no quita, por supuesto, para que hubiera casos de enfermedades que afectaban a los genitales, o que no se asociara a las prostitutas, junto con las mujeres ancianas, por ejemplo, con la suciedad, el mal olor o la contaminación. Esto vendría motivado, en parte, por una falta de higiene entre las más pobres, que tendrían, además, que realizar múltiples servicios por noche, como por pura ideología. El uso de un apelativo como el de *scortum* ('pellejo') para las prostitutas nos da buena cuenta de cómo se las consideraba. Los griegos usaban, a veces, la palabra *lakkon*, 'cisterna', como doble sentido, por la gran capacidad para guardar líquidos. Esquines, en el conocido discurso *Contra Timarco*, se refiere un par de veces justamente a esta asociación bastante brutal.[125] De hecho, la escena se refiere a los muy serios miembros de la asamblea dando risotadas cada vez que se mencionaban las cisternas. O jaleando cuando se hablaba de otras obras. Para la próxima vez que penséis en serios oradores y dignos políticos. Por cierto, este discurso no demuestra una prohibición de la homosexualidad en el mundo griego, como algunos sectores han dicho, sino que se refiere a la pérdida de derechos cívicos que conllevaba la prostitución masculina.

125. Esquines, *Contra Timarco*, I, 80 y ss.

Por cierto también, comenta que la penalización no afectaba a los niños pequeños prostituidos por sus padres, solo a los que, a partir de la adolescencia, siguieran en el oficio. Hay mucha tela que cortar en ese discurso.

Un médico romano, de todos modos, ya advirtió de que, en caso de que hubiera problema en las «partes pudendas», igual había que ir al médico, por mucha vergüenza que le diera al paciente. Por si no ha quedado suficientemente claro su alegato, pasa a ilustrarlo, muy gráficamente, con un ejemplo. El pene, dice, a veces está tan ulcerado que la enfermedad ha roído la carne bajo la piel, hasta el punto de que el glande se desprende y salen pequeños tumores. Una vez ahí, lo único que queda es ir extirpando hasta que la carne esté sana, y espolvorear luego con escama de cobre... y rezar para que no se reproduzca.[126] La moraleja está clara: id al médico antes de que se os caigan órganos a pedazos; no suele ser bueno para la salud.

Esa asociación entre prostitución y enfermedad sí fue muy potente en épocas posteriores, normalmente ligada a campañas de estigmatización de la prostitución, y no solo de la preocupación por la salud de las mujeres o sus clientes o los programas de salud. Esto era especialmente visible en el caso de las guerras, donde, pese a que la mayoría de las enfermedades que se propagaban por los frentes se debían a las malas condiciones de vida, se insistía continuamente en el peligro de acudir a prostitutas, a las que se comparaba con

126. Celso, *De medicina*, VI, 18, 1 y ss.

la muerte en los carteles, por ejemplo, de las guerras mundiales o la guerra civil española. La *femme fatale* adquiría tintes cadavéricos para advertir del peligro de las mujeres en el entorno de la guerra, cuando se salían de su papel de cuidadoras o víctimas. Evidentemente, no solo los soldados o las prostitutas fueron representados en estas campañas, y otras mujeres, como las milicianas, se sintieron atacadas al ver cómo se pretendía devolver a las mujeres a la retaguardia y los hogares.[127] La mujer malvada nunca representa o ataca solo a la figura de la perversa, sino que se mueve en la totalidad de las mujeres.

Un pequeño epílogo

Hemos hecho un recorrido por la imagen de la mujer voraz, de la predadora sexual, de la prostituta que busca engañar a los hombres y es la causa de su perdición. A veces pueden resultarnos imágenes atractivas, que encajan con una idea de mujer liberada, como las hetairas o cortesanas, invisibilizando las violencias que ocultan estos relatos. Así que, por justicia, vamos a hacer otro recorrido, un poco más real. Vamos a recordar algunas de las ideas sobre la bondad sexual de las

127. Nash, M. (1989), «La miliciana: otra opción de combatividad femenina», en Instituto de la Mujer, eds., *Las mujeres y la guerra civil española, III Jornadas de estudios monográficos*, Salamanca, Ministerio de Asuntos Sociales, Instituto de la Mujer, pp. 97-108.

mujeres griegas y romanas porque la vida cotidiana, como siempre, nos devuelve una imagen muy distinta, una que no queremos ver demasiado y que rompe con la idea de las hetairas libres y cultas, las prostitutas ricas o las influyentes amantes. El espejo de la epigrafía y la arqueología nos refleja historias de violencia, pobreza, hambre y orgullo.

Una niña romana, criada en una casa rica y noble, pasaba sus primeros años al cargo de una nodriza, cuidando de muñecas y soñando con convertirse en una buena matrona, algo que pasaría muy pronto. La edad legal de matrimonio era los doce años y, aunque podamos pensar que muchas se casaban algo más tarde, lo cierto es que la mayoría no llegaban solteras al final de su adolescencia. Lo peor es que tenemos pruebas de que podía ser aún peor. Egipto ha sido fértil en información, y nos deja un panorama que constata que muchas niñas eran enviadas a vivir con sus futuros maridos tras los esponsales, que podían suceder con apenas siete años. Jenofonte, en el *Económico*, también habla de niñas que llegan a casarse sin apenas saber nada de la vida. Que la legislación romana tuviera que recordar que antes de la edad legal de matrimonio no había adulterio posible nos plantea cuestiones que no querríamos tener que plantearnos con niñas de nueve o diez años.

Los poemas nupciales, que cantaban a la noche de boda, complementan la imagen. El centón nupcial de Ausonio nos lo narra: «Vacila temerosa y tiembla ante el dardo que la amenaza, incierta entre el miedo y la esperanza, y de su boca deja escapar estas palabras: "Por ti, por los padres que te engendraron de tal condición, hermoso doncel, no más que por esta noche, te lo suplico, socorre a una desamparada y apiádate de mis súplicas. Desfallezco. Mi lengua está sin fuerzas, mi cuerpo ha perdido el vigor que conocía, la voz y las palabras no me obedecen". Pero él replica: "En vano pretexta inútiles excusas"». No hay un ápice de crítica en ello. La malvada mujer acabó siendo solo una niña asustada que rogaba no ser violada esa noche. Tendría que acostumbrarse, no tenía por qué variar en las siguientes.

Para una esclava nacida en casa la situación era aún peor. Nada impedía su uso sexual desde la más temprana infancia, y griegos y romanos no tenían ningún reparo en ello, ni por una idea de consentimiento ni por un concepto de abuso. Por las casas corrían niños desnudos, calificados de *puer delicatus* o delicias, en los que ya podemos imaginar el concepto de *delicia*. Los abrazos y los besos, la belleza y la delicada piel adquieren, de repente, otro significado en los poemas dedicados a los pequeños esclavos. ¿Por qué deberían destacar su castidad?

En *El Satiricón* una prostituta comenta de una niña que ella empezó a la misma edad, y de la emperatriz Teodora, que comenzó pronto en el negocio familiar del espectáculo, y que se inició en el sexo aún antes de ser *viripotens*, capaz de soportar varón. Por supuesto, a quien critican las fuentes es a ella, como impúdica y viciosa, y no a los clientes que usaban a una niña sexualmente cuando aún no era ni físicamente capaz de tener sexo. De hecho, esta historia de Petronio resuena con otra de Demóstenes, la de Neera, a la que dicen que compraron de muy niña para prostituirla. De tan niña que aún no podían adivinarse sus facciones adultas. Hay un momento en que se dice que ya trabajaba con su cuerpo, aunque no era aún núbil.

La prostituta rapaz, de repente, resulta ser una niña asustada. No es que mejorara la cosa cuando crecían. Con suerte, las más hermosas y mejor entrenadas podrían comprar su libertad, o conseguir casarse. Las prostitutas rapaces que engañaban a sus clientes eran simplemente esclavas prostituidas que intentaban escapar a su destino. Porque su destino era terrible si no lo conseguían. Si llegaban a una cierta edad sin haber podido salir de ese mundo, les esperaba morirse de hambre cobrando cada vez menos a clientes cada vez más violentos o pobres, hasta que ni esos quisiesen sus servicios. Eso si llegaban, porque el hambre, la sobreexplotación, el exceso de bebida para complacer a los clientes... eran una constante. ¿Cuántos servicios tendría que hacer una prostituta callejera libre para cubrir su alimentación y un techo? ¿A cuántos obligaría un *leno* que podía conseguir otra muchacha con solo pasearse por el mercado de esclavos o por el basurero a recoger a las niñas abandonadas?

Dos excavaciones nos muestran otro de esos aspectos olvidados. Son dos fosas comunes de bebés, cercanas a lugares típicos de prostitución, como unas termas. En ellas, de los restos en que se ha podido aventurar el sexo, parece ser que abundan los niños frente a las niñas, algo extraño en un mundo en que, recordemos que según un poeta griego, hasta los más ricos abandonaban a las niñas y hasta los más pobres conservaban a los niños.[128] La explicación está relacionada, precisamente, con esas prostitutas rapaces que, pese a todos los cuidados, no podían evitar siempre el embarazo. En ese caso, cuando naciese la criatura, y si no morían ambos en ese parto, las niñas eran conservadas para ejercer el oficio mientras que los niños, menos valiosos para esa función, eran arrojados al basurero.

Y con esos pinceles nos dibujaron a las prostitutas rapaces, las sirenas de tierra, las viciosas y adúlteras.

Pero no queremos acabar así...

Ya sabemos que la creación de un tópico como el de la mujer malvada no va a ser un camino de rosas por la felicidad, la justicia y la igualdad, pero, a veces, no queremos terminar con el mal sabor de boca de recordar el dolor y la muerte. Así que, aunque también con un poco de dolor y muerte, vamos a rescatar un caso que nos da otra perspectiva. Nos vamos a Egipto, concretamente a Hermópolis, una ciudad cercana a Amarna, famosa por convertirse en la capital de Akhenaton. Pero eso es otra historia. En la nuestra, nos situamos en el periodo romano ya tardío, casi al final del imperio, sobre

128. Mays, S. y Eyers, J. (2011), «Perinatal Infant Death at the Roman Villa Site at Hambleden, Buckinghamshire, England», en *Journal of Archaeological Science*, 38, pp. 1931-1938.

el siglo IV e.c.[129] El inicio de nuestro caso no pinta bien para nadie salvo para el senador de la ciudad, Diodemo de Alejandría, que se sentía totalmente impune tras haber matado a una joven prostituta después de cenar (y suponemos que otras cosas) con ella. Quizá por celos, quizá por no pagar, quizá porque ella dijo algo que le disgustó o quizá porque solo se creía con derecho a ello. Quién sabe. La anciana madre de la prostituta, Teodora, reclamó al senador, al menos, que compensara económicamente la muerte de su hija, ya que no solo se la había arrebatado, sino que también había privado al hogar de los ingresos necesarios para sobrevivir. Había matado a dos mujeres de un solo golpe.

Evidentemente, el senador se negó. Total, solo era una prostituta, y la madre decidió, a la desesperada, llevarlo a juicio. Conocemos el nombre del juez, Zephyrus, que decidió aceptar el caso y encarcelar a Diodemo, pese a las quejas del resto de los notables de la ciudad. No solo eso, sino que condenó al senador a pagar un décimo de todos sus bienes a la anciana. Las palabras del juez fueron duras, calificándole de deshonra de la asamblea de la ciudad y expresando la lástima por las mujeres a las que la pobreza ponía en esa situación de violencia. La condena del senador, diría, no solo seguía la ley, sino que también era una cuestión de humanidad.

Incluso en los tiempos de desigualdad, cuando esta se veía normal, había una corriente subterránea de conciencia sobre la violencia que dicha desigualdad suponía; una corriente

129. Papiro Berlín, 1024, 6-8.

que, en ciertos casos, afloraba para manifestarse en favor de los más débiles.

La epigrafía a veces también nos da sorpresa. Un epígrafe de época imperial encontrado en el sur de Italia nos muestra a un grupo familiar en el que una de las mujeres, la liberta Vibia Chresta, dedica un monumento funerario a sí misma, a un varón, su hijo, Cayo Rustio Talasio, también liberto, y a una tercera mujer, liberta, Vibia Calybe. A esta última se la define como *lena*, es decir, como una madame de un burdel.[130] Esto nos dice mucho y poco a la vez. Por un lado, no podemos saber bien qué relación tenían Vibia Chresta y Vibia Calybe; sabemos que la primera era liberta de un tal Lucio y que la segunda lo es «de mujer». Como las romanas no tenían un nombre propio (el *praenomen*) y solo tenían el *nomen* y *cognomen* (elementos familiares), resulta que si habías sido esclava de una mujer, cuando te liberaba eras una liberta de mujer, en genérico. Ni siquiera lo señalaban tal cual en la epigrafía, se inventaron un símbolo para que fuera aún más genérico (una C invertida). Quizá, dada la coincidencia del *nomen* entre ambas, Vibia, podríamos suponer que la segunda era liberta de la primera, pero es curiosa la inclusión en un monumento en que se explicitó que ni siquiera los herederos podían usarlo más adelante.

Lo segundo que nos dice el epígrafe es que consideraron el oficio de la mujer lo suficientemente importante y honroso como para señalarlo en su epitafio. Le gritaron a la

130. CIL IX, 2029.

posteridad que era un trabajo y que ahí estaban. Es más, lo realmente importante del monumento no es solo la profesión, sino la última frase: *lucro suo sine fraude aliorum*, que lo financió de su propio dinero, sin defraudar a nadie. Era un dinero tan honrado como el que más, y quienes deberían avergonzarse eran quienes no pudieran exclamar eso con orgullo.

Ahora bien, no tenemos, por ahora, más ejemplos similares. Sin embargo, la arqueología la rigen dioses caprichosos, siempre dispuestos a sorprendernos.

5
Lo ajeno

Las amazonas
no quieren casarse

Lo ajeno es siempre un campo perfecto para situar modelos y contramodelos con la libertad que da un relativo desconocimiento y una distancia social. Lo ajeno sirve como tabú y como deseo, como ejemplo y como catalizador de todos los miedos. Y lo ajeno se expresa en forma de etnografías y mitos sobre pueblos distantes, un género que no solo aparece en la literatura romana, sino en la de cualquier pueblo, ya que ante el «nosotros» siempre surge el «otros». O, más bien, **para que haya un nosotros es necesario crear un otro.** En esa alteridad se puede volcar absolutamente todo, porque se convierte en un ente ficticio superpuesto al real, da igual que las historias, características o narraciones sean totalmente fantasiosas. En el fondo, lo extranjero y lo femenino se equiparan y, cuando se mezclan, crean monstruos.

Aquí hay dragonas

Por supuesto, cuanto más lejano sea el pueblo descrito, más mitológico resulta el relato y más fácil convertirlo en tópico y ejemplo. Si se podía mezclar con otros y añadir tintes fantásticos y divinos, mejor que mejor. El perfecto ejemplo es el caso de las amazonas, un pueblo de mujeres guerreras feroces e independientes. Por mucho que los griegos y romanos conocieran a los sármatas y escitas, que parecen ser la base del mito de las amazonas, estas adquirieron una entidad propia y ajena a ellos. No podemos asociarlos simplemente, por mucho que intuyamos las conexiones. Asimismo, al igual que otros mitos «viajeros» como el de Gerión, que se va alejando cuanto más se amplían las fronteras del mundo conocido, las amazonas varían en su geografía dependiendo de la fuente. Las hallamos en Libia,[131] en Etiopía, a orillas del mar Rojo,[132] en Tracia,[133] a orillas del río Termodonte en Capadocia[134] y en Escitia, entre el río Tanais y el lago Mayátide.[135] Heródoto ubica en este mismo lugar a las saurómatas, descendientes de las Amazonas tras su unión con los escitas.[136] Es un pueblo que también sirve de comparsa y elemento de conflicto a numerosos héroes, de Belerofonte

131. Diodoro Sículo, *Biblioteca histórica*, III, 52, 1.
132. Diodoro Sículo, *Biblioteca histórica*, III, 53,4.
133. Virgilio, *Eneida*, XI, 659.
134. Homero, *Iliada*, III, 189.
135. Eurípides, *Hércules*, 408-410.
136. Heródoto, *Historias*, IV, 110-117.

a Aquiles y de Heracles a Teseo. Eso sí, siempre perdedoras, siempre dispuestas a ser civilizadas. Al final, Aquiles se enamora de la reina de las amazonas, Pentesilea, justo en el momento de destruirla. Es una buena metáfora del trato que las sociedades «civilizadas» dan a los pueblos que consideran inferiores.

De hecho, este es un caso curioso dentro del imaginario griego. A pesar de que siempre estuvieron asociadas a los escitas en las fuentes, la representación mayoritaria en la cerámica griega de figuras negras las mostraba como hoplitas griegas, combatiendo a pie, con escudo, lanza, grebas y casco. A veces aparecen luciendo pieles de pantera, que se consideraba uno de los pocos animales en que la hembra era más fuerte que el macho. En todo caso, como mucho, aparecen como tropas ligeras griegas, con jabalinas y la pelta o escudo en forma de cuarto de luna. No siempre se las encontraba trabadas en combate con sus enemigos, sino también en escenas sociales de carácter bélico típicamente masculinas, preparándose para el combate, marchando hacia él o volviendo.

Eran perfectas en su alteridad de género, todo lo que no debía ser un hombre, todo lo que no debía ser una mujer y, por tanto, siempre derrotadas. Un pueblo de mujeres que había que vencer y domesticar, que jugó un papel importante en algunos mitos fundacionales, como el de Atenas, en que Teseo, su héroe fundador, secuestró a una reina de las amazonas, bien Antíope o bien Hipólita, para casarse con ella. De nuevo nos encontramos **la domesticación por el**

matrimonio, que convierte la naturaleza salvaje en un fértil campo civilizado. En esta perfecta alteridad la étnica quedaba completamente subsumida por la diferencia realmente importante, la de género. Ser mujer extranjera era más importante que el ser extranjera mujer. Tenía sentido, pues, en un ambiente como el ateniense, en que gobernantes como los pisistrátidas querían apelar a los orígenes y la identidad cívica que se popularizase uno de los mitos fundacionales. También se «redescubrió» la tumba de Teseo, que había domado a la salvaje por excelencia.

Además, el de las amazonas era un mito mucho más atractivo que el de las mujeres lemnias. Según las fuentes, estas abandonaron los templos y el culto a Afrodita y la diosa, enfadada, las castigó. Dependiendo de la fuente este castigo fue el rechazo de sus maridos y padres o bien un mal olor penetrante, pero, en cualquier caso, acabó con los hombres tomando como mujeres a las cercanas tracias. Y, tras esto, con las lemnias pasando a cuchillo a todo el género masculino de la isla. Según las *Argonáuticas*, en realidad, esto no les supuso ningún problema real salvo un cierto miedo a la venganza tracia (suponemos que las tracias habían sufrido el mismo destino que los hombres) y un problema reproductivo. Por lo demás, el texto nos dice que estaban más que encantadas con ejercer los trabajos masculinos en vez de tejer o parir. Cuando los argonautas llegaron a la isla, las lemnias decidieron que, al menos, debían reproducirse un poco, y la presencia de los hombres civilizadores restauró el orden perdido. Las mujeres volvían a tener hijos y abandonaban su rechazo por los hombres.[137] Pese a que había una restauración del sistema de género griego, lo que el mundo clásico consideraba un final feliz, seguía siendo una historia más o menos cerrada y con menos atractivo que unas guerreras por nacimiento que se mantenían inquebrantables en su organización política.

Sin embargo, con el cambio a las figuras rojas, recuperan su aspecto escita y oriental, con tatuajes, pantalones y gorros frigios. No solo eso, sino que aparecen mucho más a caballo, o con arcos, símbolos de cobardía para los griegos. Asimismo, pasan a usar el hacha, bien en su modalidad de un solo filo (*segur*) o de dos (*pelekus*), frente a la lanza típicamente hoplítica. La oposición está implícita en una respuesta que dieron unos rehenes espartanos al persa Hidarmes:

> *No has probado jamás hasta ahora si es o no*
> *dulce la independencia de un hombre libre;*
> *si la hubieses alguna vez probado, seguros*
> *estamos de que no sólo nos aconsejaríais que*
> *la mantuviéramos a punta de lanza, sino a golpe*
> *de segur ofreciendo el cuello al acero.*[138]

Es decir, una vez que los persas probaran la libertad, se volverían como los griegos y lucharían por ella no solo con

137. Apolonio, *Argonáuticas*, 609 y ss.; Apolodoro, *Biblioteca mitológica,* I, 9, 17.
138. Heródoto, *Historias*, VII, 135.

el arma ordinaria de los griegos, la lanza, sino sufriendo su antítesis, el hacha. Tal vez tuviese un significado particular (o lo recibiera de pinturas murales) como arma de mujer contra los hombres. Clitemnestra, comprendiendo su muerte inminente, grita pidiendo un hacha: «Dadme un hacha homicida bien presto», arma con la que aparece representada frecuentemente en la cerámica, bien en el asesinato de Agamenón, bien en el de Casandra.[139]

¿Se acordaron de repente los griegos de cómo vestían estas míticas mujeres o de que las habían situado en territorio escita? No, la explicación es más simple. Con las guerras médicas la alteridad de género que primaba antes se diluye en una nueva, la étnica. El eje gira y pasa a ser más importante que sean extranjeras mujeres que mujeres extranjeras. Las amazonas eran como los persas, vestían como los persas, se comportaban como los persas, o, lo que en realidad querían decir los griegos, los persas como ellas, femeninos y degradados, débiles y cobardes como mujeres, un pueblo que siempre sería derrotado por un ejército griego masculino y masculinizado.

Es también un buen ejemplo de cómo se resignifican los mitos y los relatos. Hoy las amazonas nos parecen un mito maravilloso, que ha dado personajes como Wonder Woman o un arco bastante potente en series como *Xena*. Las mismas escitas nos atraen, con su libertad nómada y sus tatuajes, y tumbas como la de la llamada Princesa de Ukok nos resultan fascinantes. Nos fascinan las mujeres guerreras, que

139. Esquilo, *Coeforas*, 885 y ss.

queremos encontrar entre las sármatas o las vikingas, en una búsqueda que muchas veces nos lleva a la exageración o esas idealizaciones del estilo de la serie *Vikingos*. No podemos engañarnos pensando que esta fascinación era igual para el mundo antiguo, en que **las amazonas eran lo contrario a lo que debía ser un hombre o una mujer, una sociedad ajena a la civilización y el orden,** un miedo perpetuo a la mujer salvaje y peligrosa. Para griegos y romanos Wonder Woman hubiera sido la villana de la película.

Por cierto, un ejemplo parecido al de este eje género-comunidad asociado a cambios de representación gráfica (aunque con una secuencia contraria) lo podemos encontrar en un ámbito mucho más cercano, el de la guerra civil española. En los primeros meses de guerra, en que primaba la cohesión social, surgieron en el bando republicano numerosos carteles de milicianas, vestidas igual que sus compañeros, en actitudes desafiantes. Las historias de algunas de las milicianas más conocidas se convirtieron en ejemplos de valentía, decisión y capacidad de actuación femenina. Así, figuras como las de Lina Odena, Rosario Sánchez la Dinamitera, Fifí o Mika Etchebéhère eran muy reconocidas. Pero no hay que olvidar que este tipo de iconografía estaba realizada por hombres y para hombres. El que fuera una mujer la que cogía las armas les obligaba a combatir para no ver menoscabada su virilidad. Era una forma efectiva de evitar que los varones rehuyeran alistarse en el ejército.[140] Si en el caso de las amazonas era el

140. Nash, M. (1989), «La miliciana: otra opción de combatividad fe-

enemigo el representado como una mujer para desacreditarle, en este caso son los propios soldados los que incluyen a las mujeres, ya que cualquiera que se negara a combatir sería aún más cobarde que ellas.

Ahora bien, pronto se impuso el «nosotros» de género por encima del identitario como grupo militar y social, y no solo fue desapareciendo la imagen de la miliciana frente a representaciones más tradicionales, sino que se hizo un esfuerzo por devolver a las mujeres a la retaguardia y las funciones de cuidadoras y productoras. Algunas veces las consignas eran poco sutiles, como la de «¡Mujeres, a la retaguardia!», lanzada por el periódico *Mundo Obrero* en noviembre de 1936.[141] La segunda campaña consistía en la demonización de la prostitución, asociándola al problema de la extensión de las enfermedades venéreas de los soldados. Dentro de la misma campaña se asoció a las prostitutas con cualquier mujer que estuviera en el frente, sobre todo con las milicianas. Muchas de ellas se quejaron de lo que consideraron un ataque a su integridad y honestidad al percibir esta vinculación.[142] Así, distintas imágenes de la mujer peligrosa se acababan

menina», en Instituto de la Mujer, *Las mujeres y la guerra civil española, III Jornadas de estudios monográficos*, Salamanca, Instituto de la Mujer, pp. 97-108.

141. Alcalde, C. (1976), *La mujer en la guerra civil española*, Madrid, Editorial Cambio, pp. 125 y ss.

142. Nash, M. (1989), «La miliciana: otra opción de combatividad femenina», en Instituto de la Mujer, *Las mujeres y la guerra civil española, III Jornadas de estudios monográficos*, Salamanca, Instituto de la Mujer, pp. 97-108.

asociando, igual que amazonas y persas, para fomentar el miedo entre los hombres.

Como con las brujas y los seres mitológicos, la lejanía geográfica permitía echar a volar la fantasía, inventar personajes, historias, genealogías, costumbres, modelos familiares o elementos sociales. Podían imaginar seres peludos con miembros donde no correspondía, o que los etíopes cenaban alegremente con los dioses. Todo estaba permitido en un mundo en que los viajes a larga distancia, aunque entraban dentro de la normalidad, eran mucho menos frecuentes que en la actualidad, y no digamos los que implicaban cruzar fronteras políticas y geográficas. Había pocas posibilidades de que alguien comprobara si en el desierto había, efectivamente, trogloditas o seres con cabeza de perro. Los grifos y los dragones siempre estaban un par de kilómetros más para allá.

Pero los romanos no necesitaban tampoco demasiadas distancias, les bastaba con que hubiera un pueblo al que querían conquistar o que ocupaba sus fronteras. Hagamos aquí un inciso antes de afirmar que las etnografías romanas nunca eran inocentes y que nos dicen más de los propios romanos que de los pueblos que describen..., cosa que en parte también ha pasado en nuestros fantásticos y objetivos tiempos. La etnografía y la antropología nunca pueden ser asépticas porque incluyen siempre el sesgo del observador. Es más, también incluyen del sesgo de quien es observado cuando se sabe estudiado. La antropología, como la historia, siempre dependerá de qué queramos ver y qué nos quieran enseñar, y de todas las posibilidades de intercambio por en medio.

Marvin Harris adaptó un concepto previo, proveniente de la lingüística y que trataba de la interacción entre fonemas y fonética para hablar de los sesgos en el estudio de otras sociedades. Estos términos eran *emic* y *etic*, y servían para describir cómo una misma idea puede ser descrita desde el punto de vista de quien la produce, sea una sociedad o un individuo (*emic*), o desde el punto de vista de quien la analiza y pretende racionalizarla (*etic*). Así, un mismo hecho, como que un grupo concreto no coma un determinado animal, por ejemplo, tiene capas distintas de interpretación, desde la religiosa, en que el animal es tabú o sagrado, a la histórica, buscando una explicación en las enfermedades que pueda transmitir o en la necesidad de no sacrificar al animal en un periodo de carestía y perder la fuerza de trabajo del mismo. Todas las capas son válidas, solo que ofrecen distintas perspectivas.

Aquí podríamos hablar también del extractivismo y los problemas morales que supone que haya individuos estudiando, analizando y diseccionando ciertos grupos sociales o pueblos y sacando un beneficio en forma de prestigio académico, o directamente económico, sin que repercuta en las personas que han conformado la base de su investigación. Pero eso es otro tema, que daría para otro libro y para muchas advertencias ante tesis e investigaciones que se emprenden alegremente sin determinar en qué beneficia a los sujetos de estudio.

En fin, pues ahora sí, ahí va la frase: las etnografías

romanas nunca eran inocentes y nos dicen más de los propios romanos que de los pueblos que describen. Un mismo pueblo podía servir para hablar de la naturalidad de los cuidados maternos o del salvajismo fuera de la civilización. Y para esto, nada mejor que las mujeres, para servir de inversión, modelo o todo a la vez.

Galas y germanas: lo cercano y natural

Quizá los pueblos que más a mano tuvieron los romanos para jugar a ser antropólogos fueron los galos y los germanos. Eran un pueblo eminentemente distinto. Si con los griegos podían compartir unas raíces, ideas sociales y religiosas, los galos habían sido enemigos tradicionales, y los germanos eran el epítome de lo incivilizado. Una parte de la etnografía de estos pueblos se fue haciendo, de hecho, mientras los romanos se tomaban muy en serio su misión de civilizarles.

Como perfectos salvajes también eran el ejemplo de lo que el humano podía ser sin ese barniz que da la filosofía, la educación, la sociedad y un buen banquete, o al menos eso pensaban los romanos. Luego también servían como modelo de denuncia de todos los males que la riqueza y la civilización habían traído a su propia sociedad, una que añoraba unos (falsos) tiempos pasados dorados de austeridad, castidad, sobriedad, honor y valor. No es una imagen única de las fuentes clásicas y la Ilustración también volvería a poner sobre el tapete el debate de la civilización frente a la imagen del buen salvaje. En cualquier caso, ninguna de estas ficciones sobre los pueblos ajenos deja de conllevar un cierto desprecio frente a lo que se ve como otro equivocado frente a las normas, totalmente naturales, biológicas y racionales, de la sociedad propia. Faltaría más.[143]

Ahora bien, no vayamos a pensar que por esta utilidad son más mencionadas que las romanas. En toda la obra de César solo aparecen diez mujeres en una veintena de menciones. De hecho, muchas ni siquiera aparecen citadas por su nombre, sino solo por su parentesco con un hombre importante, como las familiares (esposas, madres, hermanas o hijas) de Dumnórix o Ariovisto.[144] Uno podría pensar que, al menos, mencionaría a su propia familia, pero solo cita de pasada a su esposa, Calpurnia, y únicamente por una relación familiar con un hecho bélico. En el fondo, para César, que no pretende usarlas como arma moral o ejemplo ninguno, solo son elementos accesorios que implican vínculos políticos. Incluso a Cleopatra la nombra poco.

Podría parecer curioso, como lo es que en los *Hechos y dichos memorables*, de Valerio Máximo, se evitan las referencias negativas a las mujeres bárbaras, aunque esté lleno de contramodelos extranjeros, a los que muchas veces se

143. Remito aquí al capítulo en que recorrimos el vínculo extraño que se formaba en el mundo antiguo entre mujer y poder, como elementos contrarios y peligrosos.
144. Posadas, J. L. (2011), «Las mujeres en la narración y la acción de César, los cesarianos y Salustio», en *Studia Historica. Historia Antigua*, 29, pp. 251-276.

caracteriza como con una religiosidad falsa, crueles o avaros, no lo es tanto bajo esta luz. De nuevo podemos adivinar una crítica a la sociedad romana en la forma de presentar a estas mujeres, que son leales hasta la muerte en el matrimonio o que sencillamente saben morir. No nos dice mucho de las costumbres o vivencias reales de las mujeres griegas o galas, sino que son solo un instrumento. Uno, además, no demasiado usado, ya que apenas aparecen una veintena de veces en toda la obra.

La contraposición de las romanas del pasado y las extranjeras presentes con las romanas presentes queda clara. No solo afirma que las romanas habrían perdido sus valores y virtudes, sino que, como crítica añadida, incluso las extranjeras, de pueblos terribles e incivilizados, serían capaces de hacer lo que no querían o podían las romanas, de una civilización que Valerio Máximo considera superior.

Como curiosidad, en esta obra se menciona la costumbre india de que las viudas se arrojen a la pira funeraria del marido, aunque solo la vencedora de un concurso por saber quién le amaba más; el resto, dice el autor, se enfrenta a una vida de tristeza y desdichas. Resulta curioso cómo, incluso en los modelos, se oculta una serie de violencias sociales que son evidentes en cuanto la fuente se lee dos veces. La situación de desprotección y posible pobreza de las viudas, con pocas posibilidades de volver a casarse en muchos casos, podía hacer preferible la muerte a la situación de vulnerabilidad.

Mujeres en guerra

Eso sí, también le valen como elemento dramático, para añadir patetismo a las súplicas y los asedios. Las mujeres que tiraban piedras desde lo alto de la muralla, que lloraban en las rodillas de los vencedores o que se suicidaban con orgullo funcionaban como pura retórica para destacar los horrores de la guerra, eran las mujeres fuera de su sitio. La guerra supone también un no lugar, en que se transgreden las normas de género por pura necesidad. En ese caso el reconocimiento tampoco rompe las reglas, por su pura excepcionalidad. Por ejemplo, en Messene (Grecia) un monumento reconocía a los caídos en un asedio en el siglo III a.e.c., que murieron defendiendo la ciudad con valor, pero con poca fortuna, y entre ellos destacan los de, al menos, cuatro mujeres, Theba, Thelxippa, Gorgoi, Lysoi y puede que una quinta, Arestrata. A estos nombres originales se fueron añadiendo otros, de ciudadanos destacados en la ciudad.[145] La historia se repite en los distintos asedios a lo largo de la historia, aunque no sabemos si esos reconocimientos, muchas veces póstumos, se tradujeron tan fácilmente en reconocimientos en vida. La famosa María Pita, que luchó en el asedio de A Coruña contra la armada de Drake en 1589, tuvo que pelear y rogar por una

145. Sebillotte Cuchet, V. (2014), «The Warrior Queens of Caria (Fifth to Fourth Centuries BCE): Archeology, History, and Historiography», en A. Keith; J. Fabre-Serris, eds., *Women and War in Antiquity*, Baltimore, Johns Hopkins University Press, pp. 228-246.

pensión, y la historia ocultó adecuadamente las numerosas querellas y peleas en que se vio envuelta en los años posteriores al asedio, que la llevaron, incluso, a la cárcel y el exilio en alguna ocasión.[146] A otras mujeres que también pelearon y perdieron a sus familiares y posesiones en el asedio, como Inés de Ben, simplemente se las olvidó. Los símbolos son útiles mientras no se tomen como norma.

En el caso de las mujeres ajenas, los conflictos sirven también para caracterizar a los distintos pueblos de una forma bastante distorsionada. En la conquista de la península ibérica por los romanos, por ejemplo, son habituales las menciones a la participación de las mujeres en la guerra. Las brácaras combatieron con sus maridos en igualdad de condiciones, las mujeres de Salmántica escondieron las armas de sus maridos para pasárselas a escondidas y las mujeres de Iliturgi aparecen en las fuentes trabajando en las murallas durante el asedio.[147] Sin embargo, son excepciones en tiempos complicados y, aunque la arqueología nos muestra

146. Saavedra Vázquez, M. C. (2001), «Guerra, mujeres y movilidad social en la España moderna», en X. Balboa y H. Pernas, eds., *Entre nós: estudios de arte, xeografía e historia en homenaxe ó profesor Xosé Manuel Pose Antelo*, Santiago de Compostela, Universidad de Santiago de Compostela, pp. 339-358; M. C. Saavedra Vázquez (2005), *María Pita. Una aproximación a su vida y a su tiempo*, A Coruña, Vía Láctea.
147. Hernández García, R. (2012), «¿Mujeres guerreras o mártires? La mujer hispana en los enfrentamientos con Roma (ss. III-I a.C.)», en J. M. Aldea Celada *et al.*, eds., *Historia, identidad y alteridad: actas del III Congreso Interdisciplinar de Jóvenes Historiadores*, Salamanca, Hergar Ediciones Antema, pp. 983-998.

tumbas femeninas con armas, sobre todo en ámbito ibérico, no significa que fueran guerreras, sino que, tanto en hombres como en mujeres, las armas son objetos de prestigio. Así, a través de un contacto excepcional se dibuja una imagen de alteridad, en que las extranjeras son descritas con roles de género extraños y como poco civilizadas.

Ahora bien, la estupenda combinación entre la percepción de las fuentes de las sociedades bárbaras como diferentes en sus roles de género con momentos de conflicto generalizado nos han proporcionado un buen elenco de mujeres dirigentes que participaron en la guerra por derecho propio. A griegos y romanos les encantaban estos ejemplos porque eran la forma de degradar a quienes se ponían bajo el mando de una mujer. Eso los obligaba también a dar ciertas vueltas a los casos propios, o usarlos como críticas a las mujeres, porque tenemos ejemplos como los de Artemisia de Caria, que peleó en las guerras médicas... aunque del lado de los persas; o el caso de Fulvia, que reclutó y dirigió legiones en la guerra de Perusia contra Octavio. Claro que tampoco es que Fulvia fuera un modelo de nada para los romanos, pero no se les hubiera ocurrido feminizar a los bravos legionarios.

Eso sí, como buenas mujeres, estas reinas feroces y salvajes debían tener un *casus belli* femenino, no fuera a ser que se implicaran también en política como un hombre. Así, por ejemplo, Boudica, la reina britana que se enfrentó a las legiones, lo hizo porque habían violado a sus hijas, y Tomiris, que venció a Ciro el Grande en el siglo VI a.e.c. según Heródoto, lo habría hecho solo tras la derrota y muerte de su hijo a manos del persa. Con algunas, como Cleopatra, ya hemos visto la construcción propagandística.

Boudica o Boadicea es un caso muy especial. Britania había sido conquistada en el 43 e.c. de forma definitiva, pero sus pueblos no estaban demasiado contentos con esta imposición, por lo que estallaron unos años más tarde en una revuelta que llevó a destruir algunos de los principales centros romanos, como Londinium (Londres) o Verulamio. La reina de los icenos aprovechó que el gobernador romano estaba destruyendo un centro de culto druídico en una isla y atacó, masacrando, incendiando y destruyendo todo a su paso, con el mayor ejército que se había reunido nunca en las islas. En Colchester se ha documentado un enorme estrato de cenizas y restos de destrucción, que se llama precisamente «horizonte de destrucción de Boadicea». Pero, en un enfrentamiento final, el ejército britano fue completamente destruido y los romanos aprovecharon también para masacrar a las mujeres que acompañaban al ejército en sus carros. Nunca se supo más de Boudica, aunque logró escapar, solo sabemos que murió poco después, fue enterrada y ahí acabó la rebelión. Una reina feroz y una derrota aplastante, que las fuentes exageraron hasta decir que habrían muerto unos ochenta mil britanos frente a cuatrocientos romanos venía bien para disimular las miserias de una ocupación nada asentada. Eso sí, también servía para avisar de los horrores de la guerra, en que los romanos habrían sido enormemente duros y crueles, y recomendar no forzar las situaciones hasta el extremo.

Otra reina britana gobernaba en esos mismos tiempos, Cartimandua, aliada de los romanos pero que acabaría depuesta por su propio pueblo. Por supuesto, las fuentes no se privaron de acusarla de excesiva y lujuriosa o de traidora, pese a que fue leal a Roma. Además, la historia le negó su puesto. Pese a que tuvo un papel tan importante como el de Boudica en la historia de la conquista, servía mucho menos como símbolo nacionalista. La historia, de todas maneras, nunca sigue caminos rectos y tampoco Boudica fue muy recordada ni en época romana ni en la medieval, y solo se recuperó su figura en el Renacimiento y, sobre todo, en el siglo XIX. La conversión en símbolo nacional y su comparación con la reina Victoria aseguraron un nivel de leyenda, transmisión y resignificación enormes. La feroz britana que había servido de villano en las fuentes se convertía en alguien a quien dedicar estatuas y poemas. La mujer peligrosa es aceptable si es peligrosa para el otro, y la historia siempre tiene dos caras.

Estas mujeres peligrosas también sirvieron a veces para feminizar a su enemigo griego o romano, cuando los habitantes del mundo clásico querían denostar a sus propios gobernantes anteriores. Zenobia es un buen ejemplo. Zenobia era reina de Palmira, en la actual Siria, ciudad que igual os suena por los estragos que hizo el ISIS en 2015 y el asesinato del arqueólogo que estaba a su cargo, Khaled Asaad, quien murió intentando proteger su historia y patrimonio. Si vamos a hablar de guerra, conviene recordar que esto es la guerra, destrucción, horror y sangre, a ver si le vamos quitando la épica.

Palmira era romana aproximadamente desde época de Tiberio, en el siglo I, y los romanos fueron transformando su identidad y su figura, con nuevos edificios que querían afirmar su romanidad. De Siria saldría toda una dinastía de emperatrices capaces e independientes, que brillaron frente a los varones. ¿Os acordáis de Julia Mesa y Julia Soemis? ¿De Heliogábalo? La historia da para muchísimo análisis y un cuadro maravilloso de Alma Tadema. Zenobia era de esa misma tierra, y se jactaba de descender de las Cleopatras. Ahora bien, la conocemos por una fuente, la *Historia Augusta*, que la contrapone a emperadores débiles y feminizados. Mientras en ella se describe su belleza, pero también su cultura (hablaba varios idiomas, escribía sobre historia...) y una voz que «parecía la de un hombre». No solo eso, sino que se destaca su castidad férrea, incluso respecto a su marido. También dice que manejaba el erario mejor de lo que lo hacían normalmente las mujeres. Ni una ocasión sin despreciar lo femenino. Al fin y al cabo, si iban a alabarla, tenían que separarla de lo propio de las mujeres. De nuevo la trampa: solo se podía ser una buena mujer si no se era del todo una mujer.

Sin embargo, es en otro pasaje donde mejor se construye esta dicotomía tan buscada por las fuentes: «Entonces, Zenobia, su mujer, puesto que los hijos que le quedaban, Hereniano y Timolao, eran muy pequeños, asumió el poder y reinó durante mucho tiempo, no mujerilmente ni según los modos femeninos, sino con más coraje y sabiduría no solo que Galieno —mejor que él cualquiera, incluso una doncella, hubiera podido gobernar—, sino también que otros emperadores».[148] Zenobia es buena gobernante *pese* a ser mujer y solo porque no se comporta como una, además de ejercer ese poder en nombre de sus hijos. Asimismo, es buena gobernante porque se pretende feminizar a Galieno (entre otros) diciendo que incluso una mujer es mejor que él.

Eso sí, como con las amazonas, cuando estas reinas poderosas se enfrentaban a Grecia o Roma, tenía que haber un final aleccionador y debían acabar derrotadas o muertas o ambas cosas. A ser posible, con un romano galán y poderoso que brillara sobre ellas. En el caso de Zenobia, cuando se enfrenta a Aureliano tras su derrota ante un romano de verdad, este le pregunta: «¿Por qué, Zenobia, te has atrevido a desafiar a los emperadores romanos?». A lo que ella responde, como no podía ser de otra manera en esta historia, con un orgulloso: «A ti, que has vencido, te reconozco como emperador, a Galieno, a Aureolo y a los demás príncipes no los consideré tales». La altiva reina, descendiente de Cleopatra y los Ptolomeos, acabó su vida como una casta matrona romana, con sus hijos, en una villa apartada.

La historia tiene un cierto regusto a la de Teseo, que, tras raptar a una amazona —Antíope o Hipólita dependiendo de la fuente—, se casa con ella, la civiliza y la transforma en una mujer fértil y de las de verdad. Luego, por supuesto, siguiendo la estela de su pasado, en que había dejado a

148. *Historia Augusta*, Los treinta usurpadores, 30; Los dos Galienos, 13.

Ariadna tirada en una isla después de que le ayudara a derrotar al minotauro, la abandona por otra mujer. Los ciclos se unen, ya que esa mujer es Fedra, de la que hablamos en un capítulo anterior, que se enamoró de Hipólito, el hijo de la amazona. Plutarco, en sus *Vidas paralelas,* cuenta que, no contento con todos estos desastres, todavía raptó a una Helena niña, aunque él ya tenía los cincuenta. Al final esto conllevaría la guerra, el destierro y la muerte. Todo un héroe, Teseo. De todas formas, no era raro que a algunos enemigos se les perdonara la vida y se les permitiera continuar como ciudadanos privados en sitios irrelevantes. Al fin y al cabo, toda dominación requiere de la zanahoria tanto o más que del palo para no ser absolutamente insoportable, y el mundo clásico lo tenía claro.

Por supuesto, la de Zenobia era una historia que estaba construida para tener ecos no solo en su sociedad, sino en las futuras. La heroína extraña y el gobernante corrupto, la mujer inalcanzable y el final feliz, la reconversión de la transgresión en orden, y el arte y la literatura, además de la historia, han ido transformando y transmitiendo su vida y aventuras, incluso recientemente, con la novela *La prisionera de Roma*, de José Luis Corral, publicada en 2012, y en una ópera de 2007 de Mansour Rahbani, a la que habían precedido otra media docena entre los siglos XVIII y XIX. También se acordó de ella Christine de Pizan en su obra *La ciudad de las damas*, y aunque en nuestras retinas haya quedado la icónica imagen de Herbert Gustave Schmalz, también la retrataron Tiepolo o Justus van Egmont. Normal, al final una mujer peligrosa con una buena rebelión contra un imperio corrupto siempre fascina.

A veces no hacía falta que las reinas fueran guerreras; podían servir de contrapunto, simplemente, a sus maridos, de nuevo como una inversión de lo que debería ser. La esposa de Asdrúbal el Beotarca, el gobernante que vio consumirse Cartago definitivamente bajo el fuego y el pragmatismo romano, se indignó por la rendición de su esposo. Orgullosa, insultó a su marido, lo llamó traidor y afeminado, mató a sus hijos y se lanzó al fuego que ardía en el templo. Otros muchos también prefirieron la muerte a la esclavitud, y la escena nos recuerda las estampas numantinas o saguntinas, a los asedios que hemos comentado al principio de este apartado. Pero también a otras escenas muy alejadas en el tiempo. Cuando Alonso de Ercilla compuso *La Araucana*, en la segunda mitad del siglo XVI, narró otra conquista, la de los españoles en Chile. En ella construye o recuerda la historia de otra mujer orgullosa y poco dispuesta a rendirse, Fresia, esposa del toqui (jefe militar) mapuche Caupolicán. Cuando este fue capturado, y aun sabiendo que iba a ser ejecutado, ella solo se acercó para insultarle por dejarse coger vivo, tirarle a su hijo recién nacido a los pies y marcharse indignada. Caupolicán murió empalado, no sabemos qué pasó con la criatura (o si existió) y Fresia se alejó en las sombras de la historia. Nunca sabremos si Alonso de Ercilla la creó para dotar de aún más drama a la historia o si recogió relatos populares que aún recordaban a una mujer que ninguna fuente más consideró importante. Al final, las mujeres en esa época, por muy orgullosas, guerreras o importantes que fueran, quedaban reducidas a meros instrumentos narrativos o al olvido absoluto.

La covada o la inversión matriarcal

Un caso muy particular del uso de la inversión en las extranjeras es el referido a la zona noroccidental de la península. Una sociedad en que las mujeres tomaban decisiones políticas y la familia se reproducía socialmente por vía matrilineal. De hecho, tanto era así que practicaban un ritual, la covada, en el que las mujeres parían sin ningún cuidado ni ceremonia mientras los hombres tomaban su lugar en el lecho, gritando y recibiendo las atenciones que normalmente se darían a las parturientas.

No es un caso único y los autores lo mencionan para otras sociedades, al menos en la parte de la insensibilidad al parto de las mujeres, que se apartarían para parir y seguirían trabajando, como nos cuentan de las ligures, como nos explica Diodoro Sículo o el mismo Estrabón, que nos ha contado el caso de las cántabras. El primer autor también señala algo similar a la covada hispana, pero situada entre los corsos.[149] Si ya podíamos tener la impresión de que la covada, curiosamente, se situaba en las zonas más alejadas, montañosas o salvajes, Apolonio de Rodas, en las *Argonáuticas*, la obra en

149. Diodoro Sículo, *Biblioteca histórica*, IV, 20; V, 14; Estrabón, *Geografía*, III, 17.

que narra las aventuras de Jasón y los tripulantes del Argo, situaba esta misma práctica entre los tibarenos, en Anatolia, un pueblo ganadero y que se caracterizaba por sus tatuajes, como los escitas. La geografía es aún más fantástica y más asociada a la alteridad absoluta.[150] Así, una misma práctica, que se nos escapa cuando miramos de cerca los pueblos, se situaría tanto en el extremo occidente como en el extremo oriente.

Al final, recordando el «parirás con dolor» de la expulsión del paraíso, como castigo para Eva, el parto sin dolor se vinculaba a los animales y a lo absolutamente primitivo. La atención en el parto se consideraba un elemento fundamental en la civilización, un trance peligroso que se llevaba una gran cantidad de vidas y que permitió desarrollar una refinada ginecología y obstetricia. La ausencia de ese cuidado solo podía ser propia de la mayor barbarie. De hecho, cuando Diodoro hablaba de los corsos destacaba precisamente eso, la rudeza y la falta de cuidado. Poco después, cuando habla de los habitantes de las Baleares: «Los baleares aman a las mujeres más que los demás hombres y hasta tal punto las valoran que, cuando algunas mujeres son capturadas por piratas que desembarcan en sus costas, las rescatan entregando tres o cuatro hombres por una sola mujer».[151] Estas islas las caracteriza por su fertilidad y porque, aunque no está habitada por gente «civilizada», sí lo intentan. No tienen

150. Apolonio de Rodas, *Argonáuticas*, II, 1010 y ss.
151. Diodoro Sículo, *Biblioteca histórica*, V, 17.

vino, pero les gusta, y relaciona su ausencia de moneda con una renuncia a las riquezas y con la propia mitología griega. Mientras, los corsos serían justos, pero se alimentarían de leche, miel y carne, es decir, se les presenta como ajenos a la agricultura que caracterizaba la civilización. En realidad, a saber qué contaron los informantes, pero, al final, lo que cuenta es el relato.

La antropología ha intentado encontrar esta práctica en sociedades contemporáneas, tratando de validar su existencia en el pasado, pero, en cierto modo, ha fracasado. En los ejemplos que se han querido dar de América, Asia y África se han mezclado prácticas, como el aislamiento posparto o menstrual o rituales en que el hombre también era cuidado en el momento del parto, quizá en un ritual para incluir al padre, quizá para distraer las fuerzas que intentaran llevarse a la parturienta. Otras incluirían todo tipo de enfermedades.[152] De hecho, se han creado algunos bulos y mitos en torno a la misma, como el referido a los indios huichol, en México, entre los que las parturientas tirarían de una cuerda atada a los testículos del padre. No solo es que no se corresponda con la covada ni en el sentido más laxo, sino que parece fundamentarse en una mezcla entre una pintura de los años sesenta o setenta por la artista huichol Guadalupe de la Cruz Ríos que parece más metafórica que real…, sin que a nadie se le ocurriese preguntar en la comunidad. De hecho,

152. Thurston, E. y Rangachari, K. (1909), *Castes and tribes of southern India. Volume III*, Madrás, Madras Government Press, p. 492.

los estudios antropológicos que se han realizado con estas comunidades, así como otras intervenciones de programas sociales y médicos con migrantes, no parecen mostrar nada siquiera parecido a esta supuesta costumbre ancestral.[153] El mito parece remontarse al menos a los años ochenta, lo que nos demuestra que nunca hemos necesitado internet para crear bulos y noticias falsas.

Es más, los antropólogos del XIX y el XX seguían recurriendo al mito del buen salvaje que pare sin dolor, mientras que a la civilizada Europa le parecería una práctica absurda y cruel por el dolor y dificultad de las mujeres en estas labores. En un manual de obstetricia del XIX se afirmaba sin complejos que esto se debía a que la naturaleza inferior de los «salvajes» se correspondía con un menor cerebro y, por tanto, menos dificultades en el parto. No era un caso único, aunque también había quien lo atribuía al trabajo físico de las mujeres de las distintas tribus «salvajes», a diferencia de las delicadas (y vagas) mujeres burguesas civilizadas. No queda muy claro cómo justificaban que las obreras europeas también parieran con dolor. La comparación con los animales seguía estando presente en el vocabulario, la ciencia y el imaginario europeo, para que luego hablemos de objetividad de la ciencia.[154]

153. Schaefer, S. B. (2015), *Huichol Women, Weavers, and Shamans*, Albuquerque, University of New Mexico Press, p. 311; B. Gamlin y S. J. Hawkes (2014), «Pregnancy and Birth in an Indigenous Huichol Community: from Structural Violence to Structural Policy Responses», en *Culture, Health & Sexuality*, 17 (1), pp. 78-91.
154. Ling Roth, H. (1893), «On the Signification of Couvade», en *The*

Quizá aquí convenga hacer un inciso sobre la escasa inocencia y poca inocuidad de estas reflexiones, por si se nos ocurre pensar, simplemente, que se trataba de otros tiempos y la ciencia era todo lo aséptica que podía ser. En estas fechas de mediados del XIX, mientras se hablaba de que los salvajes apenas sentían dolor, eran como animales y no sufrían con los partos, James Marion Sims, el conocido como «padre de la ginecología», estaba ejerciendo esa paternidad experimentando con mujeres negras y esclavas. Lo hacía sin anestesia, en casos de prolapsos, fístulas vaginales y otros problemas.[155] Con ellas a cuatro patas y sujetas, sin consentimiento ni ningún tipo de medida para calmar el dolor, practicaba cirugías experimentales y sin muchas garantías. En algunas de ellas llegó a repetir la operación una treintena de veces, como en el caso de Anarcha. De otras muchas no conservamos siquiera el nombre. Total, eran consideradas inservibles, prácticamente objetos, y, como buenas salvajes, no importaba el daño. Cuando decidió que la técnica estaba lo suficientemente mejorada como para usarla en mujeres blancas, por supuesto, lo hizo con anestesia.

En una vuelta de tuerca, todos estos mitos sobre la covada tuvieron que ver con el nacimiento de otro mito, uno que giraba en torno a una existencia de un modelo de gobierno

---

Journal of the Anthropological Institute of Great Britain and Ireland, vol. 22, pp. 204-243.

155. Owens, D. C. (2017), *Medical Bondage: Race, Gender, and the Origins of American Gynecology*, Atenas, University of Georgia Press.

ajeno en el tiempo o el espacio, el matriarcado. Ahora bien, este concepto no aparece realmente hasta muchos años después de que Estrabón o Diodoro describieran estas prácticas, de mano de un señor suizo que se sintió fascinado por los mitos y noticias de pueblos en los que habrían gobernado las mujeres como algo estructural, más allá de la existencia de reinas puntuales. De hecho, consideró la covada como una de las principales muestras de este reinado inicial femenino, y lo asoció a las noticias que daba también Estrabón sobre una supuesta matrilinealidad en estos pueblos.

Una práctica que la antropología vería como un claro dominio masculino y como un descuido, desprecio o miedo por las mujeres sería interpretado como un resto de un dominio femenino cuando se trataba de justificar el patriarcado. En algunos casos se ha hablado de envidia del útero, como contraposición de la envidia del pene, como forma de miedo masculino que configura ciertas violencias en la sociedad, igual que Nicole Loraux hablaba de cómo los mitos de autoctonía en el mundo griego pretendían desplazar la capacidad de gestación de las mujeres a la comunidad (concebida como masculina).[156] Por otro lado, las referencias a mujeres que se apartaban del trabajo para parir, fuera en la Antigüedad o posteriormente, quizá tenga mucho más que ver con no perder el jornal y la necesidad creada por la pobreza que con

156. Bayne, E. (2011), «Womb Envy: The Cause of Misogyny and Even Male Achievement?», en *Women's Studies International Forum*, 34 (2), pp. 151-160.

ningún ritual. Al final la perspectiva importa, sobre todo cuando se habla de prácticas dudosas o en que se mezclan razones y culturas diferentes.

Johann Jakob Bachofen, desde la filología y los estudios de la religión, escribió una obra que abrió un mito destinado a perdurar más de lo que el propio autor podría haber soñado. En 1861 publicó *Das Mutterrecht* (*El derecho materno*), que se tomaba las fuentes sobre un dominio femenino primitivo de mitos e historias lejas al pie de la letra. ¿Que los atenienses decían que las mujeres no debían votar porque habían votado por Atenea cuando se decidía el patronazgo de la ciudad y Poseidón se había enfadado? Pues cierto todo. ¿La covada y la matrilinealidad cántabra? Clarísimamente matriarcado. ¿Las amazonas? Todo lo confirma. Hay que destacar que Bachofen coincidía totalmente con la crítica básica de las fuentes. También veía con horror la promiscuidad, control femenino y una maternidad no controlada por la masculinidad que aterraba a griegos y romanos. Al menos, pensaba, la historia era una linealidad de progreso que llevaba a la masculinidad, la luz y la civilización. Ahí hubiera quedado la cosa si no fuera por otro señor, esta vez prusiano, Friedrich Engels.

Engels recibió las teorías antropológicas de Henry Morgan, las filológico-religiosas de Bachofen y la teoría económica e histórica de Marx e hizo una mezcla. De ahí salió *El origen de la familia, la propiedad privada y el Estado* (1884), que consolidó la imagen de una suave pendiente desde un matriarcado primitivo a un patriarcado civilizador. Sin embargo, pese a las críticas tempranas a esta visión y algún defensor apasionado, fue algo que quedó en un nivel bastante académico. La verdadera consagración en el imaginario colectivo vino de la mano de la reapropiación y resignificación posterior desde una visión feminista, a la que venía muy bien tanto una teoría que no consideraba el patriarcado como inevitable o inmutable y que veía en ese pasado promiscuo, pacífico y alegre una maravillosa utopía en vez de un horror distópico. Investigadores como Marija Gimbutas o Gould Davis, con la obra *The First Sex* (1971), recuperaron y popularizaron el concepto. Esto mereció un capítulo entero en la icónica obra colectiva *Historia de las mujeres*, dirigida por Georges Duby y Michelle Perrot.[157] No sirvió de nada y el mito sigue absolutamente vivo en el imaginario colectivo, tanto en la versión de pasado idílico como en la de un pasado terrorífico de dominio femenino, como amenaza de futuro.

El matriarcado, por supuesto, se sitúa en tiempos lejanos en los que se ve lo que se quiere ver, muchas veces dando cuestiones por supuestas. Un buen ejemplo es el de la Grecia cretense, en que no solo se trataba de percibir una sociedad igualitaria aduciendo la falta de murallas en los palacios (y olvidando la existencia misma del palacio y su iconografía), la abundante representación femenina (pero sin conocer qué

157. Georgoudi, S. (1991), «Bachofen, el matriarcado y el mundo antiguo: reflexiones sobre la creación de un mito», en G. Duby y M. Perrot, M., eds., *Historia de las mujeres, tomo 1: La Antigüedad*, Madrid, Taurus, pp. 517-535.

papel real tenían en la religión o la sociedad) y aduciendo una supuesta matrilinealidad que no se sostiene y que necesita acudir a fuentes de sociedades y tiempos distintos, como el caso de la *Iliada* y la *Odisea*. Por supuesto, como tanto el panteón como el relato son enormemente patriarcales, de nuevo hay un quiebro del razonamiento para decir que lo que pueden advertirse son rastros de ese poder original. No solo eso, sino que hay que recurrir a figuras, como la de Penélope, que viven una situación de excepcionalidad, en que los roles se ven alterados por pura necesidad.[158]

Algunas de las descripciones de las fuentes sobre sociedades supuestamente matriarcales no suelen comentarse demasiado porque resulta obvio para la historia y la arqueología que no lo son, como sucede con el relato de Heródoto sobre Egipto, en que todo funcionaría al revés. «Entre ellos son las mujeres las que van al mercado y hacen las compras, en tanto que los hombres se quedan en casa tejiendo. Y mientras que los demás pueblos tejen echando la trama hacia arriba, los egipcios lo hacen hacia abajo. Los hombres llevan los fardos sobre la cabeza; las mujeres sobre los hombros. Las mujeres orinan de pie; los hombres, en cuclillas».[159]

La inversión es total no solo en los roles, como la ocupación del espacio público, sino también las tareas típicas, como el tejido, y se complementa con el folclore, como lo

158. Reboreda Morillo, S. (1998), «Penélope y el matriarcado», en *Arys. Antigüedad: religiones y sociedades*, 1, pp. 31-38.
159. Heródoto, *Historias*, II, 35.

de orinar de pie o sentados. La mezcla entre extrañeza ante costumbres distintas y una buena dosis de fantasía construye extranjeros exóticos y que sirven como modelo moralizante de lo que podría llegar a ser tu sociedad si te descuidas. Aun así, la relativa libertad de las mujeres egipcias respecto a otras con las que coexistieron, como las griegas, y las diferencias que podemos ver cuando ambas sociedades conviven, como el caso del Egipto ptolemaico, han llevado a algunas exageraciones en torno a la supuesta igualdad o matriarcalidad de esta cultura.

Por otro lado, quizá deberíamos analizar cómo la popularidad del concepto del matriarcado solo indica lo bajísimo que tenemos el nivel en cuanto a autoridad y poder femenino. Las sociedades que hoy llamamos matriarcales normalmente solo implican la capacidad de las mujeres para acceder a la propiedad privada o una autoridad informal o religiosa, pero siguen siendo sociedades en que los hombres monopolizan o acceden de forma sistemática al poder político. Ninguna de las sociedades que se refieren como tales implican un poder femenino que mantenga a los hombres en una situación de subordinación política con menos derechos cívicos.

Por otro lado, también se confunde la matrilinealidad con la matriarcalidad. El primer sistema implica solo una transmisión por vía materna, normalmente asociada a la matrilocalidad (es decir, son los hombres los que se mueven a la familia de la esposa), pero suelen ser sociedades guerreras con una fuerte solidaridad y poder masculino. De hecho, el poder lo suele ejercer el hermano de la madre, no la madre.

Por último, al fin y al cabo, lo ajeno y lo transgresor, lo marginal y lo discriminado también pueden reapropiarse para construir una genealogía propia, al igual que las ciudades de Tarento o Locris se preciaban de un origen fundacional por esclavos y mujeres, que habrían tenido que salir de sus ciudades tras haberse unido en ausencia de los hombres, que habrían estado combatiendo en la guerra. Eso sí, hay que tener cuidado con cómo y qué mitos se reapropian, y no tomárselos demasiado en serio. Nunca hubo matriarcado y no se acaba el mundo por ello, pero podemos disfrutar igual de las exóticas princesas guerreras de series como *Xena*, que marcaron un antes y un después en el imaginario colectivo infantil, sobre todo en el del colectivo LGTBIQ. No vamos a despreciar ahora los mitos modernos tras milenios contándonos historias al oído, en los espacios públicos y privados, al calor de una hoguera o antes de irnos a dormir. Igual un día nos hacemos amigos del monstruo que habita bajo nuestra cama, que, a lo mejor, solo quiere una madriguera calentita y nunca fue el malo o, en este caso, la mala del cuento.

6
La maternidad

Malas madres, madrastras
y otras brujas del montón

Un capítulo que ha tenido especial pervivencia en el imaginario colectivo de la mujer perversa y peligrosa es el relacionado con la maternidad, en sus distintos y variados aspectos. Al fin y al cabo, **cuando la reproducción sumisa se configura como la principal característica de la buena mujer, la inversión de este modelo provoca una serie de ansiedades sociales difícilmente superables.**

La de la mala madre es una figura equivalente a la de las casas encantadas: el terror viene provocado porque lo que debería ser el lugar seguro por excelencia para cualquiera se convierte, de hecho, en una amenaza de la que resulta imposible escapar. Asimismo, la figura de la madrastra se conjuga con la de la extranjera: un elemento ajeno que se inserta, como un virus, en la identidad familiar o cívica. Es curioso comprobar que, por el contrario, la figura del «mal padre» se aleja, y con mucha diferencia, de este tipo de caracterizaciones. Sus acciones o sus ausencias se justifican mucho más a menudo y con más facilidad.

La historia y la mitología, llena de padres ausentes o terribles, decide volcar sobre la madre todas las ansiedades de un parentesco problemático. Agamenón y Medea matan a sus hijos, pero es ella la mala. Penélope cumple con todos los preceptos de su rol de género, pero es relegada por su hijo. Orestes mata a su madre y las deidades le perdonan. El derecho divino protege la paternidad como único vínculo posible, pase lo que pase.

Solo en unos pocos casos podemos adivinar la realidad que esconden las fuentes, una mucho más cotidiana de padres violentos, borrachos o desentendidos. El derecho humano, muy a pesar del divino, se ve obligado a reconocer que no siempre las cosas funcionaban como la gran moralidad decía que tenían que funcionar. En la griega Gortina, en la que la mujer tenía una situación bastante mejor que en Atenas, la mujer que hubiera tenido un hijo tras el divorcio tenía que ofrecer el bebé al antiguo marido, delante de tres testigos. Pero podía quedárselo si este lo rechazaba y, en realidad, la única pena que se ponía si se incumplía la ley era una multa.[160]

En Roma, pese a que las madres no tenían un vínculo legal directo con sus hijos, la legislación les fue reconociendo ciertos derechos, entre ellos, el de poder quedarse a sus

160. Tetlow, E. M. (2005), *Women, Crime and Punishment in Ancient Law in Society*, vol. 2, Nueva York, Londres, Continuum, pp. 39 y ss.

hijos si el padre era visiblemente una mala elección para cualquier tipo de crianza decente.

Parece que no solo consiguieron plantear al emperador estos casos, sino también que las dejaran retener a los hijos mientras dichos casos se resolvían, por si acaso.[161] Es más, en alguna ocasión también se forzó al padre a reconocer a algún hijo y a alimentarlo en adelante, aunque hubiese intentado desentenderse de él tras el divorcio.[162] El padre, en este caso, perdía su capacidad para retener a sus hijos.

A la hora de la verdad, la vida cotidiana precisa leyes que no vuelvan la cara y jueces que no finjan no saber nada. No siempre se consigue, pero estas píldoras, a lo largo de la historia, nos hacen ver que **incluso cuando la discriminación estaba socialmente aceptada, había cosas que clamaban a los dioses como injusticias.**

Madres manipuladoras, sobreprotectoras y negligentes

Todo lo positivo de la figura de la madre amable, cariñosa, sumisa y leal se deforma, en el mundo clásico y en toda la civilización occidental, cuando la madre tiene la curiosísima idea de intervenir en la educación y la vida de sus propios hijos. Las mujeres tenían que ser madres, tenían que realizarse

161. *Digesto,* XLIII, 30, 1, 3; XLIII, 30, 3, 5-6.
162. *Digesto,* XXV, 4, 1, 1.

a través de sus hijos, pero lo cierto es que, cuando se atrevían a hacerlo, eran juzgadas con dureza. En el fondo, siempre se ha podido culpar de todos los males a una madre manipuladora.

Olimpia, la madre de Alejandro Magno, quizá sea uno de los mayores ejemplos que nos han dado las fuentes clásicas de madre sobreprotectora y manipuladora a la vez. Aparte, claro está, de Livia. Sin embargo, el caso de Olimpia va más allá: su figura se ha ido construyendo y reconstruyendo hasta nuestros días como tópico y como personaje que se superpone a una persona que, hoy por hoy, ya difícilmente podemos alcanzar.

La Olimpia real ha quedado enterrada bajo capas y capas de mitos y clichés. Olimpia, de los molosos, una bárbara frente a la helenidad macedonia: una descendiente de Aquiles frente a la corte de Filipo. Su sangre extranjera no solo sirvió como argumento en las fuentes clásicas; también lo explotó con gusto la sociedad occidental de la primera mitad del siglo XX, momento en que las cuestiones raciales tuvieron su auge como arma de discriminación social. Aunque haya querido restringirse la memoria para hacernos pensar que este problema fue solo cuestión de un movimiento concreto en un país concreto, sabemos que los motivos son más profundos.[163]

163. Wilcken, U. (1967), *Alexander the Great*, Nueva York, Norton. Este libro, un clásico en el estudio de Alejandro, publicado originalmente en 1931, es un buen ejemplo de ello. Sobre esto, consultar el

Una madre activa y pasional solo puede entrar en conflicto con un hijo que no se deje mangonear y que no sea sumiso. En vez de una inversión de roles hay un choque directo. Plutarco la describe como experta en maleficios, algo que temería también su esposo, Filipo. De nuevo, quizá hoy la figura de una Olimpia experta en la magia, seguidora de Dionisos y de sus ritos secretos, acompañada por grandes serpientes y que bailaba descalza por la noche nos parezca fascinante, pero en su época era algo más que una imagen aterradora.

Era también, en las fuentes, una madre manipuladora que, antes de que marche a la guerra, le narra a su hijo un destino profetizado de grandeza para influir en sus decisiones; que le impone a un pariente como director de sus maestros; una mujer suspicaz y colérica que solivianta a su hijo para implicarle en los conflictos familiares. No solo eso, sino que se la acusa de ser, al menos en parte, culpable de la muerte de Filipo. Desde luego, no parece que quisieran presentarla como la madre ideal.[164]

Esto, en el fondo, permitió a sus contemporáneos y a los historiadores futuros **resaltar el brillo de un Alejandro idealizado hasta la divinización, y atribuir todas sus sombras, propagandas o mentiras a las acciones de una madre**

---

reciente estudio, que recupera la figura y una visión más positiva: Antela-Bernárdez, B. (2021), *Apología de Olimpia de Épiro: Tres ensayos críticos*, Madrid, Ediciones Clásicas.

164. Plutarco, *Vida de Alejandro*.

oscura y bárbara. Construyeron un yin y un yang, un día y una noche que aún en el cine actual puede percibirse hasta en la fotografía y los colores escogidos para representarlos a ambos. Para mitificar a unos hay que encontrar un contrapunto, más allá de los villanos.

A veces se culpaba a las madres del comportamiento de sus hijos incluso de una forma biológica, como en el caso de Cómodo y su madre, Faustina. Si el hijo había salido algo imprevisible y «violentillo», desde luego no podía ser culpa de su padre, un ejemplo de emperador filósofo. Ya la historia debería sonarnos sospechosa de base, aun sin entrar en que Marco Aurelio distaba de ser el maravilloso emperador que nos pintan las fuentes, adicción al opio aparte. Pero nuestra principal fuente, la *Historia Augusta,* no se caracteriza precisamente por ser moderada y razonable. Más bien se le rompió el salero de la fantasía y los insultos encima del plato.

Según la fuente, Faustina se habría enamorado de un gladiador hasta el punto de enfermar de deseo, por lo que los médicos habrían recomendado matar al gladiador y desangrarle en una bañera para que Faustina pudiese chapotear en su sangre. Una vez concluido el ritual, se habría librado de su pasión, pero habría concebido un hijo con el alma de un gladiador. Aun así, añade el autor, igual fue un adulterio de verdad sin tanta historia.

Lo bonito de los relatos es que nos van deslizando suavemente hacia las conclusiones que quieren que saquemos, para que pensemos que ha sido idea nuestra, para que nos parezca la única solución posible. El adulterio de Faustina nos parece mucho más lógico, y estamos dispuestos a afirmar severamente con la cabeza después de descartar la otra hipótesis, tan particular. No se nos ocurre, así de primeras, cuestionar la base del relato.

No debería pillarnos de nuevas, es exactamente lo que hacen todos los cuentos, películas y novelas. Ya lo demostró la película *Starship Troopers* cuando nos señaló que, con la música y la suficiente deshumanización del enemigo, seríamos capaces de apoyar a los nazis. Aunque supiéramos quiénes eran los nazis, y aunque fueran representados con sus ideas nazis y con sus uniformes nazis. Lo mismo pasa con muchas de las películas «de romanos» en las que se romantizan la guerra y la masacre, y nos descubrimos deseando la muerte del pobre germano que solo intentaba que no le echaran de sus tierras.

Así conseguimos obviar el hecho de que el bueno de Máximo Décimo Meridio, en *Gladiator,* lleve una década masacrando hombres, mujeres y niños. Cuando le ocurre a su familia, nos espantamos. Pero es que, claro, **una sola muerte, cuando es concebida como propia, justifica el resto en el relato.** En el fondo, nuestras mujeres malvadas son eso, las víctimas de un relato. Y no, Máximo no era el bueno de la peli.

Las fuentes también critican a las madres negligentes, que dejan en manos de nodrizas la crianza y, sobre todo, la lactancia de sus hijos. Aulo Gelio decía que «si alimentamos a los cabritos con leche de oveja y los corderos con leche de cabra, resulta un hecho constatado que en éstos la lana es más dura y en aquellos el pelo más suave».[165] Imaginaos entonces qué podría hacer una lactancia negligente a un bebé que se criaría con una esclava y puede que hasta extranjera. El horror, a ojos de Aulo Gelio.

En algo tenía razón, aunque el mecanismo estuviese errado, y es que **los niños criados por nodrizas aprenderían, en sus primeros momentos, de ellas mucho más que de sus madres o padres,** que pasaban mucho menos tiempo con ellos. Tácito alaba de las germanas su fertilidad, fidelidad y no usar nodrizas, sino criar ellas mismas a sus hijos, en un claro reproche a las romanas. Añade en otra obra que antaño los hijos se criaban en el regazo de sus madres y no en un cuartucho de una nodriza alquilada. Eso sí, el modelo, para el autor, era preciarse de ser una esclava de los propios hijos.[166]

Igual podría encontrarse un punto intermedio, pero el orador usa el pasado y lo ajeno para criticar a las madres romanas. Es más, para culparlas por todos los males que percibía en Roma, como si todos fueran culpa de su negligencia en la maternidad. Curiosamente, el mayor reproche era estar todo el día hablando de espectáculos en vez de dedicarse al estudio y las letras. Quizá también nos echase la culpa a las mujeres de la afición actual al fútbol. Eso sí, esto nos recuerda que **las quejas de las generaciones**

165. Aulo Gelio, *Noches áticas*, XII, 1, 10-15.
166. Tácito, *Germania*, 19-20; *Diálogo de los oradores*, 28-29.

anteriores sobre las que les suceden llevan siendo las mismas desde que nos bajamos del árbol.

La sociedad, con estas críticas, en realidad, creaba un modelo absolutamente imposible de seguir. No era factible ser una madre dedicada y mantener el tipo físico que se le exigía, sin convertirse en una de esas ancianas con un cuerpo cargado por los años y las maternidades que los poetas satíricos achacaban a los excesos. **No era posible implicarse y no implicarse, todo a un mismo tiempo.** Como con el resto de los comportamientos exigidos a las mujeres y con el resto de los modelos y contramodelos, era hacer trampa. Era el equivalente al Photoshop sobre la foto de la modelo: María, virgen y madre a la vez; Lucrecia de día y Lais (una famosa prostituta) de noche de los *Epigramas* de Marcial.[167] Mientras tanto, ellos podían tener una larga colección de defectos sin mayores problemas.

Incluso los modelos de maternidad y matrimonialidad tenían puntos en que el poder masculino necesitaba imponerse de alguna forma, recordar que el orden necesario requería su sumisión. Recordemos a Penélope: ¿qué mujer podía representar mejor el modelo de esposa y madre? Una mujer que no solo confía en la vuelta de su marido, sino que está dispuesta a defender con uñas y dientes, o más bien con tretas femeninas, su legado en forma de autoridad y poder para su hijo. Recordemos que un nuevo matrimonio hubiera representado un peligro para Telémaco, su hijo con Odiseo,

167. Marcial, *Epigramas*, XI, 104.

ya que en el mundo representado en la *Odisea* y la *Iliada* la legitimidad transmitida por vía materna era enormemente importante.

Aun así, cuando su hijo alcanza una edad suficiente, aunque no logra imponerse ante los pretendientes ni aun con ayuda divina y la búsqueda de su padre resulta infructuosa, manda callar a su madre, que es la que realmente mantiene la casa. En el primer canto de la *Odisea,* como advertencia para el resto de la obra, cuando Penélope pide al aedo que deje de cantar las desdichas de las muertes y regresos funestos de Troya (algo comprensible dada la situación), en vez de obtener la empatía de su hijo, este le dice:

> *... mas tú vete a tus salas de nuevo y atiende*
> *a tus propias labores, al telar y a la rueca, y*
> *ordena, asimismo, a tus siervas aplicarse al*
> *trabajo; el hablar les compete a los hombres y entre*
> *todos a mí, porque tengo el poder en la casa.*[168]

A Penélope, en vez de mandarle a esparragar, se la califica de *admirada,* aunque se retira a sus aposentos a llorar a su esposo y con el discurso de su hijo grabado en el alma.

Aun la mejor madre tenía que callar ante su hijo, reconocer el silencio y la oscuridad como su lugar. Una sola petición, para no acabar durmiendo inundada en lágrimas, la sitúa entre las maternidades peligrosas. **La única buena**

168. Homero, *Odisea*, I, 358 y ss.

mujer resulta ser a la que no se oye, no se ve, no se recuerda. Vuelve a mandarla a las habitaciones con un reproche cuando habla la noche en que había de acabar todo, cuando los pretendientes han caído en la trampa del concurso de arco que acabaría con todos atravesados por un recién regresado Odiseo, todavía disfrazado, y su hijo. Telémaco la llama mala madre una vez más y la acusa de tener el corazón duro como una piedra. Penélope, tras tantos años, no sabe si creer que quien se presenta frente a ella es, efectivamente, Odiseo. Necesita pruebas, necesita que se susurren los secretos que solo ellos saben. No se fía, endurecida por su propio sufrimiento, pero tampoco se hace merecedora de la empatía del resto de la casa y, aún menos, de la de su hijo. La mala mujer resultó ser solo una madre triste.

Como con otros mitos, la figura fue reinterpretada y resignificada. Algunas fuentes clásicas no podían creer que una mujer permaneciera fiel tanto tiempo, y la convierten en una adúltera, que sería castigada por su marido a su vuelta. ¿Y quién podría culparla si era el mismo Odiseo el que le había mandado buscar otra pareja cuando Telémaco creciese, si no había vuelto? En la misma línea está la Penélope de Buero Vallejo.[169] Un mito que ensalza a la mujer en su rol más tradicional, como salvaguarda del hogar pero que sacrifica su propia vida e identidad, se ha prestado a numerosas reinterpretaciones, finales alternativos, canciones de amor

169. Pérez Miranda, I. (2007), «Penélope y el feminismo. La reinterpretación de un mito», en *Foro de Educación*, 5 (9), pp. 267-278.

desesperado y espera infinita. Serrat cantó, precisamente, al no reconocimiento del amante regresado. Sin embargo, a diferencia del final de la *Odisea* (calificarlo de feliz o no ya es otra cosa), la Penélope de Serrat «le sonrió con los ojos llenitos de ayer» y le dijo que «tú no eres quien yo espero», una Penélope que siempre esperaría, esta vez sin hijos que la recluyan, en la estación.

Resulta curioso, por otro lado, la creación de la figura de la madre negligente, que abandona a sus hijos por amor a otro hombre o por vanidad, cuando tratamos de una sociedad en la que los padres, en caso de divorcio, retenían a los hijos. Livia tuvo que enviar a sus dos hijos, uno de ellos apenas un bebé, con Tiberio padre, y solo volvieron con ella y pasaron a vivir en la casa imperial cuando su padre biológico murió. Helena fue criticada en las fuentes por abandonar a su hijo para huir con Paris, aunque lo hiciera obligada por una deidad, Venus, que la ofreció como premio en un concurso de belleza. Mientras tanto, nadie critica a los hombres que fueron a la guerra dejando a sus hijos atrás. Solo en las *Heroidas*, de Ovidio, Penélope se atreve a reprochar la negligencia paterna.

Mucho tiempo después una obra teatral subvertiría este orden, de un modo tal que obligarían al autor a cambiar el final. Pero supuso un punto de inflexión. La obra era *Casa de muñecas*, de Henrik Ibsen, que vería la luz en 1879, en un teatro de Copenhague. En ella se discuten los modelos familiares, las traiciones, las consecuencias, las maternidades y paternidades... y cómo ciertos conceptos acaban siendo jaulas para las mujeres. Cuando Nora, la protagonista, decide marcharse, dejando atrás a su marido y sus hijos, este le reprocha que está traicionando sus deberes más sagrados. Nora responde que hay uno aún más sagrado: el que tiene consigo misma. Añade que no puede conformarse con lo que dicen los hombres y los libros sobre lo que debería ser su vida.

No hay nadie que sacrifique su honor por ser amado, diría el marido. Miles de mujeres lo han hecho, respondería Nora. «He sido muñeca grande en esta casa, como fui muñeca pequeña en casa de papá. Y a su vez los niños han sido mis muñecos». A diferencia de Medea, deja atrás a sus hijos porque no quiere venganza, solo quiere vivir, y puede hacerlo dejando todo intacto atrás. A diferencia de Helena, solo se ve obligada por sí misma. A diferencia de Penélope, es capaz de romper el hilo que la une con una casa que la atrapa. Nora subvierte las figuras clásicas y **la mala madre se convierte solo en una mujer consciente de que el mundo no estaba construido para maternidades deseadas y conscientes, en relaciones igualitarias.**

Por lo que sea, cuando las mártires cristianas renunciaban a sus lazos familiares y la crianza de hijos recién nacidos por lanzarse al martirio, no se veía mal, sino como una transgresión a un orden injusto y un valor viril, con todas las connotaciones de masculinidad que tiene dicha palabra. Por lo que sea, también, estas transgresiones al rol de género y la maternidad fueron algo que empezó a controlarse muy pronto en el seno de la Iglesia, que comenzó a insistir cada vez más en la necesidad de un «martirio blanco» consistente en el sacrificio, el cuidado del hogar y la renuncia a la vida propia más que a la propia vida.[170] Ibsen, en el fondo, solo vuelve a una imagen que ya se había creado, a una situación en que solo queda como posibilidad la transgresión.

La madrastra como tópico eterno

No hay forma de que la palabra madrastra suene bien, pero es que, además, la hemos cargado con un sinfín de connotaciones e historias negativas, de miedos y cuentos para niños. La madrastra malvada se convierte en un tópico que se asocia con la bruja. Blancanieves, Cenicienta, Rapunzel... Las madres de los cuentos y las películas infantiles han estado ausentes, mientras que las madrastras han sido un elemento de sufrimiento.

Séneca, en su *Consolación a Helvia*, destaca la extrema virtud de esta mujer. De hecho, era tan buena, decía el autor, que su madrastra no pudo más que convertirse en madre. Ahora bien, también añade que a nadie le ha salido barato tener una madrastra. La madrastra se convierte aquí en un puro símbolo de lo perverso, en un significado

170. Pedregal, A. (2010), «Maternidad y madres en la tradición cristiana (siglos II-IV d. C.). Discursos sin memoria», en R. M. Cid López, ed., *Maternidades: representaciones y realidad social. Edades Antigua y Media*, Madrid, Asociación Cultural Al-Mudayna, pp. 111-131.

que va más allá del mero significante. **Cuando la madrastra es buena se convierte, simplemente, en madre,** tanto en las historias como en nuestro imaginario colectivo y, al revés, las malas madres pueden convertirse en madrastras de sus propios hijos.

De hecho, Hesíodo, en una frase hecha, califica los días que no han sido augurados ni como afortunados ni como desafortunados como que «pueden ser tan madrastra como madre». Asimismo, cuando Horacio escribe un poema sobre la hechicera Canidia, dice que esta le mira como una madrastra o como una fiera herida por el hierro.[171]

Incluso pasó al lenguaje militar, en que *noverca*, la palabra latina para 'madrastra', era la denominación de un terreno especialmente malo para situar el campamento, por culpa del terreno o por quedar expuesto.[172] La madre naturaleza también se convierte en madrastra (peor aún, *tristior noverca*) cuando se muestra hostil a los humanos, como dice Plinio en su *Historia natural.*[173] En fin, creo que nos queda claro cómo se construye un lugar común tan básico que permea a todo el lenguaje universal sin siquiera pensarlo.

Esta es la mayor victoria de un tópico o una discriminación, el que no sea percibida siquiera en el vocabulario

171. Hesíodo, *Los trabajos y los días,* 823 y ss.; Horacio, *Épodos,* V.
172. Watson, P. A. (1994), *Ancient Stepmothers. Myth, Misogyny & Reality*, Leiden, Brill.
173. Plinio, *Historia natural*, VII, 1.

diario, justo en el límite de perder del todo el significado, moviéndose bajo la superficie de nuestra sociedad y nuestra mente. Pensad en cuántas veces habéis usado insultos que, en realidad, perpetúan tópicos negativos hacia grupos sociales enteros. ¿Cuántas veces has usado las palabras *puta* o *judiada* o *subnormal* o *gitano/gitanada*? ¿Cuántas *bastardo* o *hijo de puta*?

Crear este tipo de figuras no requiere solo un edificio ideológico que justifique el maltrato a las mismas, sino también una repetición constante. Lo malo es que tendemos a pensar en estas repeticiones en una propaganda al estilo de la novela *1984*, y no como realmente sucede en la enculturación o la aculturación: como un suave arroyo que moldea la piedra, con la inconsciencia de la asimilación en las metáforas, frases hechas, insultos y bromas. **La asimilación se produce en el marco de una cotidianeidad que no puede ser atacada porque suena a exageración.** Eso que hace que la crítica parezca algo de histéricas y locas (¿veis de nuevo el uso del lenguaje?) y que lleva a tantos a exclamar eso de «a ver si ya no se va a poder decir nada» o «ya no se puede hacer humor».

Por supuesto, en el mundo clásico parte de esta repetición eran los mitos, las tragedias y las historias, narradas con la misma finalidad con la que contamos cuentos a los niños: para enseñar lecciones de vida y principios, y amenazar con los destinos funestos de las transgresiones. Incluso la historia insistía en el tópico: Livia es descrita como una madre dura para la República y una dura madrastra para la casa de los Césares.[174] Supongo que una «dura tía abuela» no hubiera quedado igual de bien. La poética de la madrastra se repetía.

En una historia sobre un rey cretense Etearco se nos plantea de nuevo. El rey viudo se casa con una mujer para darle una madre a su hija, pero esta segunda esposa «creyó conveniente comportarse con Frónima como una verdadera madrastra, así que la maltrataba y maquinaba contra ella todo tipo de perfidias».[175] De hecho, convence al padre de que la mande matar, de lo que se salva la pobre muchacha solo porque cuando el huésped que ha recibido la orden de arrojarla al mar lo hace, la lanza bien atadita a una cuerda, para poder rescatarla tan pronto como tocase el agua. Así que ya sabéis, **si una madrastra no es la villana del cuento, es un algo así como una madrastra de pega.**

Todo sea que, en ciertas ocasiones, la maldad de la madrastra no viene tanto del resultado de una perversidad agresiva, sino que podía adquirir otras connotaciones más lujuriosas. Así, tenemos un caso de época de Adriano, en el que al emperador le tocó juzgar un caso en que un padre había matado a su hijo porque le había pillado en pleno adulterio con la madrastra. Técnicamente —podríamos pensar— no hay mucho que discutir. El padre tenía poder sobre la vida y la muerte sobre los hijos, pero, en este caso, Adriano discrepaba. Envió al padre a una isla porque

174. Tácito, *Anales*, I, 10, 5.
175. Heródoto, *Historias*, IV, 154.

consideró que la muerte no se había llevado a cabo como un ejemplo de autoridad paterna, sino como quien pilla a un ladrón en acto delictivo.[176]

En la mitología clásica, Fedra, esposa de Teseo, se habría enamorado de su hijastro y, despechada por su desprecio, lo acusó de intentar violarla, tras lo que se suicidó. En este caso fue Teseo quien mató al inocente Hipólito, pero, por supuesto, la historia crea una última reconciliación para volver a desviar las culpas hacia la malvada mujer.

No fue un caso único, aunque no todas las historias acabaron tan mal. Seleuco, por ejemplo, un rey de Siria, descubrió que la enfermedad de su hijo venía del enamoramiento del muchacho por su madrastra, es decir, su propia esposa. En la disyuntiva de salvar su matrimonio o a su hijo, el rey le cedió a su mujer.

Luciano, en *Sobre la diosa siria,* de hecho, afirma que, para suavizar el golpe de la noticia, el médico, que se había dado cuenta de la situación, mintió al rey descaradamente, quejándose de que Antíoco, el hijo, se había enamorado de *su* mujer (la del médico). Tras muchos ruegos por parte del rey para que rompiera su matrimonio y mucho «seguro que tú no lo harías» del médico y mucha afirmación de que sí del monarca, descubrió el pastel y a Seleuco no le quedó otra que honrar su palabra.

La diferencia fundamental con la historia de época de Adriano es la pasividad de la madrastra. En este caso se

176. *Digesto*, XLVIII, 9, 5.

trata de un conflicto que se resuelve entre padre e hijo, leales el uno al otro, sin que la mujer tenga ni voz ni voto sobre su propia vida y matrimonio. No es el único caso en que en la historia del mundo clásico las mujeres se ceden entre amigos o parientes, como si se tratara de cabezas de ganado, en un paso más allá de los matrimonios concertados. Quizá un caso no demasiado conocido fue el de Marcia, que se casó con Hortensio, cedida por el hasta entonces su esposo, Catón el Menor.[177] Es curioso como a las fuentes les parece perfecto que decidan sobre la vida de la mujer y su función reproductora pero que, aun así, algunos acaben calificándola como mujerzuela o cebo. De hecho, lo único que se reprocha a Catón es haber recuperado luego a su mujer, viuda y rica por la muerte de Hortensio.

A pesar de todo, también nos llegan historias de grandes madrastras que cuidaron a los hijos de numerosas parejas, aunque lo cierto es que el sistema romano las obligaba a hacerlo, mientras que los hombres podían rechazar a los hijos ajenos o tomar las represalias que quisieran contra ellos. Hay que tener en cuenta que era el padre quien solía llevarse a los hijos en caso de divorcio, y que las muertes de las mujeres en edad reproductiva eran una realidad demasiado cotidiana. Demasiadas cosas podían ir mal; demasiados epitafios de mujeres muertas de parto o en el puerperio.

Octavia, la hermana de Augusto y una de las hijas de Marco Antonio, acabó acogiendo en su casa (o la obligaron

177. Plutarco, *Vida de Catón el Menor*, 25.

a acogerlo) a los hijos propios, los de Marco Antonio con Fulvia, los que había tenido con Cleopatra... Media casa imperial se crio con ella. Todos menos aquellos a los que ya se encargó de matar su hermano, que decidió acabar con los hijos mayores de todas las parejas problemáticas del periodo anterior, empezando por Cesarión, el hijo de César y Cleopatra, y siguiendo por la mitad de los hijos que Fulvia había tenido con Marco Antonio y con el resto de sus maridos.

A todos ellos hay que unirles los niños de casas reales ajenas que llegaban a Roma, en parte para educarse, en parte como rehenes, y que pasaban el tiempo con los críos de la casa imperial. Por mucha ayuda de esclavos y nodrizas que tuviera Octavia, aquello debía de ser un sindiós.

Es poco probable que, en este caso, Octavia se sintiese sola en un hogar que estaba dirigido por su hermano y no dejaba de formar parte de una élite muy particular, pero imaginad ahora al resto de las madrastras griegas y romanas: su soledad en una casa que no era la de su familia, con todos los tópicos que recaían sobre ellas, con la hostilidad que podía suponer un ambiente así y con hijos propios y ajenos por criar e intereses propios que defender. Al final, **la malvada madrastra era sencillamente una mujer triste y aislada.**

Querríamos encontrar un autor que se salga de estos tópicos, y ahí estaba san Jerónimo para compadecerse de la imagen de las madrastras y decir:

> *... no habrá escritor de mimos, no habrá lugar común retórico que no se dispare contra ti como la madrastra más cruel. Si el alnado se pone enfermo o simplemente le duele la cabeza, se te difamará como bruja. Si no le das de comer, pasarás por cruel; si le das, por hechicera.*[178]

Pero era una trampa. Su única intención era convencer a las viudas de que no se casasen y, para ello, estaba dispuesto a calificar a los padrastros de tiranos, a fingir compasión por las madrastras y, a la vez, a acusar a las madres de perversas por exponer a sus hijos. Incluso a calificar de prostitución el nuevo matrimonio. Fue bonito mientras duró, Jerónimo.

La envidia de la maternidad

La envidia de la maternidad ajena era otro de los factores desencadenantes de la tragedia. La mujer estéril, o la que veía cómo sus rivales tenían hijos que competirían con los suyos o con su poder, se convierte en un elemento desestabilizador y peligroso en la familia y la comunidad. Podemos encontrar varias historias en Grecia con este tópico.

Los tiernos ruiseñores nacen de un asesinato, el del hijo de Aedón. O, más bien, de una confusión, ya que esta mujer intentaba asesinar a los hijos de otra, de Níobe, en la

178. Jerónimo, *Epístolas*, 54.15.4.

oscuridad de la noche, lo que causó la confusión. Tampoco es que Níobe saliera bien parada, pues su orgullo por su abundante fertilidad la llevó a vanagloriarse de superar a Leto en sus partos, por lo que los hijos de esta, Apolo y Ártemis, acabaron a flechazos con todos los hijos de Níobe.[179] Una muerte tras otra, la pérdida de una generación entera, por culpa de madres envidiosas y orgullosas, de enfrentamientos por culpa de una *hybris* que, si era ya un defecto en los hombres, se volvía especialmente terrible en las mujeres.

En la *Andrómaca*, de Eurípides, la antigua esposa de Héctor acaba siendo la esclava y concubina de Neoptolemo, en la ciudad de Ptía. Allí se queda embarazada, mientras Neoptolemo contrae legítimo matrimonio con Hermíone, que no es capaz de proporcionar un heredero a su nuevo esposo. En ausencia del marido, que había viajado a Delfos, estalla el conflicto y la esposa legítima, con ayuda de su padre, intenta acabar con la concubina y su hijo, a los que ve como una amenaza para su propia posición.

Hermíone acusa a Andrómaca de darle anticonceptivos para que no pueda concebir, y Andrómaca se defiende echándole en cara sus celos. Las acusaciones de la esposa no parecen fingidas en la obra. La maternidad y la posición dentro de la familia entran en conflicto, al igual que pasaba con el personaje de Medea cuando Jasón va a tomar otra esposa. Al

179. Pérez Miranda, I. (2010), «Madres terribles: avaricia, envidia, traición y mentira en la mitología griega», en R. Cid López, ed., *Maternidades: representaciones y realidad social*, Sevilla, Almudayna, pp. 59-74.

final, **el conflicto deviene de una situación de vulnerabilidad de la mujer, que depende de la buena voluntad del marido y de su propia capacidad para producir herederos legítimos.** Los odios, celos, miedos y violencias no se dan debidos a una disputa por amor o pasión, no entran en conflicto por la atención de Neoptolemo, sino por su propia capacidad de supervivencia y bienestar, por sus prerrogativas como esposa frente a la madre del heredero.

En cierto modo nos recuerda a la historia del linaje de Abraham. Ante la imposibilidad de Sara, la esposa legítima, de tener descendencia, el marido recurre a una esclava, Agar, para obtenerla.[180] Cuando nace el ansiado hijo de Sara, Isaac, esta pide expulsar al desierto a la esclava y su hijo, Ismael. Es el mismo Dios el que no solo lo permite, sino que lo alienta a dejar a madre e hijo con tan solo un pedazo de pan y una cantimplora en el desierto hasta que, ya al límite de la muerte, los salva a ambos, aunque solo porque Ismael es hijo de Abraham.

Quizá no sea la historia más ejemplarizante de toda la Biblia, aunque sí es significativa del delicado equilibrio de poder en este tipo de comunidades tan patriarcales. El hecho de que Dios espere para intervenir hasta que Agar, desesperada, aleja a su hijo pequeño para no verlo morir, nos recuerda a las intervenciones divinas griegas, pero, desde luego, también nos parece de una crueldad innecesaria, al menos si nos paramos dos veces a apreciar la poética del recurso literario.

180. Génesis, 21.

El conflicto se traslada a Menelao, padre de Hermíone, y a Peleo, abuelo de Neoptolemo (el padre de este, Aquiles, había muerto en Troya), que se convierte en defensor de la prisionera. Ante el desarrollo de la situación, Hermíone intenta suicidarse. Al fracasar, se refugia en la llegada de otro hombre, Orestes, al que convence de matar a su marido y reclamarla como propia. De nuevo, el relato nos lleva de la mano hacia la interpretación de que todo es producto de la maldad de una mujer, y no el resultado de su situación de enorme vulnerabilidad dentro de la sociedad y de su familia. La tragedia acaba, efectivamente, con Neoptolemo muerto y con una intervención divina que traslada a Andrómaca a un nuevo matrimonio, con otro de los hijos de Príamo (el padre de Héctor) llamado Heleno.

En el caso de la Biblia, se culpa a Agar e Ismael de insolencia, lo que precipita el abandono que, en realidad, solo se convierte en tal y no en un asesinato por la intervención en el último minuto de una deidad que no cuestiona el sistema, sino que lo apuntala. En el caso de la tragedia de Eurípides la advertencia parece afectar a un marido que no tiene en cuenta cómo se van a tomar las mujeres de la casa el enfrentamiento de sus posiciones. De hecho, es el único que acaba muerto, aunque eso, en una tragedia, no es decir mucho.

En realidad, ambas mujeres, Hermíone y Andrómaca, son víctimas de un sistema que no les reconoce ninguna capacidad de decisión y las hace vulnerables a los caprichos ajenos, aunque el conflicto se centre en ellas y sus reacciones que impiden la colaboración. En las *Heroidas* Ovidio elige contar, precisamente, esta parte de la historia, de una Hermíone que no ama a su marido y que se siente violada cada noche que él decide pasar con ella, que se siente prisionera en una casa ajena.

«Las Tantálidas somos buenas para el rapto», dice, y recuerda que creció sin su madre, Helena, raptada por Paris y sin su padre, Menelao, que inició la guerra de Troya para recuperarla. Con ambos padres vivos creció como una huérfana, solo para ser casada contra su voluntad a su regreso.[181] El baile de intereses se extiende también a la generación anterior que, además, nos señala el conjunto de alianzas y pactos que se conforman con las mujeres como monedas de cambio.

Eurípides invierte también la alteridad étnica, convirtiendo a la extranjera en la víctima honorable y a la mujer griega en la agresora injusta. Podría parecer extraño, aunque el hecho de que Hermíone y Menelao sean espartanos nos puede indicar un traslado de esa alteridad desde los troyanos que, en el fondo, no se perciben como tan ajenos, a la identidad de una ciudad-Estado enfrentada a la ateniense. Como con la discusión de si los macedonios eran griegos o no ante la presencia creciente de Filipo y Alejandro, a veces la identidad étnica depende mucho más de las alianzas e identidades propias que exclusivamente de las ajenas y su situación geográfica.

En este espacio conceptual del rencor, la ansiedad y el anhelo ante la maternidad no solo entran las madres envidiosas, sino también **la omnipresente figura de la suegra, que se**

181. Ovidio, *Heroidas*, *Carta de Hermíone a Orestes*.

construye bajo la óptica de la competición y la envidia. Aquí convendría hacer una reflexión sobre cómo esta figura no se construye únicamente en las fuentes, sino en los más elementales roles de género, en los que **el miedo a la solidaridad femenina empuja a la sociedad a fomentar la competición y el odio entre ellas,** algo que no puede sino afectar a la relación entre las mujeres de dos familias que acaban coincidiendo en un mismo núcleo familiar.

El miedo al desplazamiento, a la ruptura de relaciones, a los vínculos nuevos. **Una sociedad que construye a las madres en torno a sus hijos no puede pretender que no sientan miedo ante los cambios,** sobre todo cuando esa misma sociedad nos vende las relaciones matrimoniales y de pareja como el núcleo central, la prioridad absoluta y la disgregación del resto de los grupos y comunidades.

Si la novia se presenta en el imaginario actual en muchas ocasiones como un elemento de conflicto y separación en el grupo de amigos, como una intrusa destructiva, imaginad cómo se vende a esposas y madres la presencia de otra mujer «de importancia» en la familia. La figura del suegro, por otro lado, no se construye como intrínsecamente problemática, pese a que pueda haber relaciones terribles, y la del yerno solo es percibida como una amenaza por el padre por una cuestión de trato. Es decir, es problemático porque se teme que pueda ejercer sobre la hija una violencia que sabe permitida socialmente pero que resulta problemática familiarmente. La tragedia no sucedió sola, se buscó, fomentó, explotó e imaginó..., y luego nos quejamos de las consecuencias, por lo bajini y sin muchas intenciones de cambiar las causas.

Cuando Ovidio lista las malas relaciones familiares que quedarían excluidas de las caristias, unas celebraciones dedicadas a reforzar o renovar los vínculos familiares, entre la madre que es cruel con sus hijos y el hermano cainita, menciona a la suegra que agobia a su nuera y la odia.[182] La importancia de esta mención no es tanto que se considere a la suegra una mujer perversa *per se*, sino cómo se da por supuesto el objetivo concreto de su odio. No se considera que vaya a incordiar al esposo de su hija, sino a la mujer de su hijo. Es un odio entre mujeres.

Plutarco, en sus obras morales, concretamente en una sobre los deberes en el matrimonio, da por supuesta la mala relación y la ejemplifica con una presunta tradición en que mezcla los tópicos sobre suegras y madrastras.

> *En Leptis, ciudad de Libia, es costumbre del país que, un día después de la boda, la novia envíe a pedir una olla a la madre del novio, pero ésta no se la da y contesta que no tiene ninguna, para que aquella, conociendo desde un principio los sentimientos de madrastra de la suegra, si más tarde le sucede algo más penoso, no se enoje ni se enfade. Conviene que la mujer, sabiendo esto, evite los pretextos. Los celos de la madre*

182. Ovidio, *Fastos*, II, 617 y ss.

> *del marido por el amor de su hijo hacia la nuera son una realidad. La única medicina para este estado del alma es ganarse, particularmente, el afecto del marido hacia ella sin apartarlo de su madre y sin menoscabar el cariño que siente hacia ella.*[183]

No se afirma que las suegras sean malas mujeres por naturaleza, sino que la relación, como decíamos, se ve complicada por los condicionantes sociales, aunque abre el hueco para la esperanza. Ahora bien, la cosa se desinfla un poco cuando en otro de sus tratados, *El banquete de los siete sabios,* uno cuenta una historia humorística, a medias entre la burla y el refrán, en que narra cómo un muchacho que estaba tirando piedras a un perro y le da a su suegra sin querer exclama: «Así tampoco está mal». Querría suponer que todos vamos a pensar «vaya joya de chaval y de yerno», en vez de decantarnos por las risas y la comprensión de griegos y romanos, pero he oído demasiados chistes de suegras como para dejarme llevar por la esperanza.

Agustín ofrece la misma imagen. Su madre habría vencido la natural enemistad con su suegra con su mansedumbre, dulzura y comportamiento intachable, al igual que habría conseguido de la misma forma que su marido, definido como especialmente violento, no le pegase una paliza detrás de otra (como sí pasaba con sus amigas y sus maridos). El caso

183. Plutarco, *Deberes del matrimonio*, 35 (*Moralia,* 143).

es que tendemos, de nuevo, a fijar la vista en lo que el relato nos lleva a pensar: en el elogio a la madre y no en cómo se asumen estas relaciones como normales, o en la situación de una mujer, desgarrada de su familia de nacimiento, que acaba en un ambiente hostil en que la violencia contra ella se da por supuesta... Al igual que le habría pasado a su suegra unos años antes cuando fuera ella la nuera. **El ciclo de una violencia continua que quería anular a las mujeres que entraban en la casa del marido.**

En algunas ocasiones estas relaciones van más allá de lo familiar y se vuelven confusas y contradictorias, aunque perdura la envidia de la maternidad y su uso político. De época tardoantigua tenemos una historia muy particular, en una situación compleja políticamente. El poder imperial se había disgregado territorialmente, y sobre el amplio territorio regido por Roma gobernaban dos emperadores y dos césares, de menor autoridad pero que se convertían en los probables herederos. A mediados del siglo IV e.c. en la zona oriental gobernaba Constancio, que tuvo que asistir al espectáculo de sus hermanos y un usurpador matándose entre sí por el poder. Tras la muerte del usurpador Constancio ascendió a uno de sus primos, que también acabó asesinado. La cosa no pintaba bien para el emperador ni para su confianza en sus relaciones familiares. En ese momento intervino su esposa, Eusebia, que protegió y consiguió el ascenso del último primo vivo, Juliano.

Juliano estaba casado, además, con Helena, hermana de Constancio. En este momento entran los conflictos con

Eusebia, la esposa del emperador, de quien no había conseguido tener hijos. Cuando coincidió toda la familia en Roma, Helena estaba embarazada, lo que debería haber sido un acontecimiento feliz que aseguraba una sucesión dentro de la familia. Sin embargo, el autor Amiano Marcelino nos cuenta que Eusebia la engañó para tomar una serie de brebajes abortivos. El autor también la acusa de haber logrado la muerte de otro bebé a través de un soborno a la comadrona.[184] No se menciona mucho más en el relato, lo que podría achacarse a un intento de proteger la herencia de unos futuros hijos que aún confiaba tener o a una jugada política en un momento delicado. Solo se menciona, reforzando la idea de competición y peligro, cuando dos generaciones de mujeres de familias unidas por lazos matrimoniales se encuentran. De hecho, es justo lo que repiten los historiadores posteriores, como Gibbon, dando crédito a Amiano Marcelino y criticando unos celos que ni siquiera se mencionan. Los tópicos mandan en estos relatos de maternidades ansiadas, enemigas y envidiadas.

La otra suegra malvada es la madre de la esposa. En este caso vuelve a asomar el miedo a la solidaridad y la transmisión femenina. Es la suegra que vemos aparecer en la sátira de Juvenal, que vuelve imposible la concordia en el matrimonio, ya que enseña malas artes a su hija, las mismas que en sus tiempos usó ella.

184. Amiano Marcelino, *Historias*, XVI, 10, 18.

> *¿Acaso esperarías que la madre le transmita costumbres honestas, diferentes de las que ella misma tiene? A esta torpe vieja le es útil, desde luego, criar una hija con hábitos indecentes.*[185]

Juvenal, tan majo como siempre, y apenas misógino, descarga su rabia contra un vínculo mantenido entre madre e hija, más allá del matrimonio de la joven y la separación de su familia de nacimiento.

La comedia de Terencio conocida como *Hecyra* o *La suegra* presenta también la solidaridad madre-hija o los problemas para que la suegra considere suficiente a la nuera. De hecho, una de las frases de la obra, literalmente, afirma que todas las suegras odian a sus nueras. Aunque las mujeres resultan figuras problemáticas en la obra (en todos los sentidos de la palabra), quizá deberíamos preguntarnos por qué Terencio se fija en ellas y hace que discutamos sobre su bondad o maldad cuando parece pasar desapercibido que todo el lío se monta porque el marido culpa a su mujer, violada antes del matrimonio, de adulterio. Resulta que él acaba siendo el violador, lo cual, de alguna manera, soluciona todo el problema en la obra.

Aun así, quizá la figura de la suegra sea mucho menos risible y odiable que la que se iría construyendo a partir de ahí. Las fuentes nos presentan casos de profunda solidaridad entre suegras y nueras, como las que podemos ver en

185. Juvenal, *Sátiras*, VI, 235 y ss.

la *Laudatio Turiae*. Este es un largo poema que compone un canto fúnebre a una esposa perfecta, persistente en la persecución de los asesinos de sus padres, defensora de su marido en el exilio y que convive perfectamente con su suegra. Lo mismo pasa con la relación, por ejemplo, entre Fulvia y su suegra Julia, madre de Marco Antonio, que aparecen colaborando y conviviendo frecuentemente para proteger los intereses de un varón no solo ausente sino, muchas veces, despreocupado de sus propios asuntos.

En este caso, poco podemos culpar al mundo clásico de nuestros prejuicios y construcciones, que han ido acumulando prejuicios, trabas e historias malvadas en la figura de la madre-suegra, hasta convertirla en un tópico en sí misma, objeto de burlas y chistes.[186]

Medea y la maternidad frustrada

Hemos contado el mito del origen del ruiseñor, en que Aedón mata a su hijo por accidente. Sin embargo, hay una variante de este mito, en que el asesinato es completamente intencionado. En él, Adón no solo asesina a Itis, su hijo, de forma completamente consciente, sino que, además, lo

186. Para una defensa de la figura de la suegra en las fuentes romanas cf. Sharrock, A. (2020), «The Roman Mother-in-Law», en A. Sharrock y A. Keith, eds., *Maternal Conceptions in Classical Literature and Philosophy*, Toronto, University of Toronto Press, pp. 140-166.

cocina y se lo sirve a su marido como comida. La motivación de tan terrible acto sería una venganza, ya que su esposo había esclavizado a su hermana.[187]

En este caso, el mito de Aedón se mezcla con el de Procne y Filomene, más conocido, por el desenlace. Tanto Aedón como Procne se convierten en esos pequeños pajarillos que tanto apreciamos, también por un amor entre hermanas. En este caso el marido de Procne violó, encerró y cortó la lengua a Filomene, para evitar que se descubriera su crimen. Sin embargo, cuando no hay palabras, siempre queda el telar, y Filomene tejió su historia en un tapiz que logró hacer llegar a su hermana. Una vez liberada, ambas tramaron la venganza, que acabaría con una cena que el marido recordaría para siempre.[188]

Además de ser mencionado por Ovidio o Apolodoro, el mito también aparece, en breves pinceladas, en obras de autores como Esquilo, Demóstenes o Pausanias. Era un mito que muchos habían oído, quizá como un cuento antes de ir a dormir, quizá en un ejercicio escolar. La conclusión sería parecida, la sororidad puede resultar terrible, pero es curioso cómo la historia nunca se centra en Tereo, el esposo. Su violación, la tortura y el secuestro de una mujer son algo secundario, y, es más, cuando Procne es convertida en ruiseñor, Tereo se convierte en un gavilán, que persigue sin descanso a su antigua esposa.

187. Antonio Liberal, *Transformaciones*, 11.
188. Ovidio, *Metamorfosis*, VI, 412-674; Apolodoro, *Biblioteca histórica*, III, 14.

También Meleagro, por ejemplo, muere a manos de su madre, aunque esta podía haber proporcionado la vida eterna a su hijo. Altea, la hermana de Leda, recibió una profecía por parte de las Moiras, cuando la última brasa del fuego que estaba encendido se consumiera, su hijo moriría. Por supuesto, retiró uno de los tizones del fuego y lo guardó celosamente. Pero el destino es caprichoso y el adorado hijo acabó matando al hermano de Altea, su tío, por los despojos de un jabalí. Ni corta ni perezosa, su madre echó al fuego el tizón que tanto tiempo había guardado. Sin embargo, acabó ahorcándose, superada por sus pérdidas. Las narraciones trágicas y míticas ponían sistemáticamente a las mujeres en la tesitura de elegir entre su familia de origen y su familia por casamiento. Esta última solía salir perdiendo, pero ¿podemos culparlas?

Las historias de mujeres malvadas, por si no nos hemos dado cuenta ya, tienen mucho menos de advertencia contra el mal en estado puro que de advertencia *hacia* y sobre todo *contra* las mujeres. Son amenazas que les recuerdan su destino si osan salirse de las normas de género, vengarse o mandar a freír espárragos su pasividad. También son un reflejo del miedo al elemento extraño que se introduce en la familia por casamiento. La mujer siempre ha sido extranjera en su propia casa.

Sin embargo, una historia, en esta dinámica, nos resulta curiosa, la de Medea. Es la mala madre por excelencia, el ejemplo y el tópico de hasta qué punto una mujer que no está bajo control, que es poderosa, puede ser peligrosa incluso para su familia o para sí misma. Pero también es una historia de resistencia, de orgullo y de poder. Una historia que, curiosamente para las tragedias del mundo clásico, acaba con su protagonista viva y libre.

Medea había sido una princesa poderosa en su tierra, la Cólquide, una nación extraña entre persas y sármatas, que custodiaba el vellocino de oro que tanto ansiaba Jasón. Era sacerdotisa, pero eso no impidió a los dioses jugársela y hacer que se enamorara del hombre que arribó a sus costas decidido a llevarse el tesoro nacional por sus propias ansias de poder. Fue ella quien consiguió que superara todas las pruebas, quien traicionó a su familia, quien tuvo que matar a su hermano cuando les perseguía, y así quedarse a la vez sin parientes y sin patria. Fue ella también quien, en la tierra de Jasón, consiguió consumar su venganza sobre Pelias, que se negaba a entregarle el trono pese a haber conseguido el vellocino. Fue Medea quien consiguió asilo en Corinto. El verdadero héroe de la historia es Medea pero, por lo que sea, las acciones que se consideraban normales en héroes como Heracles no lo eran tanto si quien las realizaba era una mujer. Por lo que sea, Jasón, que no hace más que ir al arrastre y pedir a Medea que mate por él, sigue siendo el héroe de nuestra historia.

Medea solo le hizo jurar a Jasón que se casaría con ella, que no la abandonaría como a un juguete roto en cuanto pudiera buscarse a otra que le encumbrara aún más en sus deseos de poder.[189] Y eso es justamente lo que hace cuando

189. Apolonio, *Argonáuticas*, III, 1108 y ss.

tiene la más mínima oportunidad, al buscar el casamiento con la hija del rey de Corinto, Creonte. Es más, en su idea original, Medea hubiera acabado desterrada junto con sus hijos, para los que no había previsto ni siquiera algo de dinero para poder asentarse en otra ciudad. Cuando Medea mata a sus hijos, como venganza última, tras haber matado también a la prometida de Jasón, huye sin problemas, no sin dirigir unas últimas palabras de desprecio a su antiguo amante y una profecía: moriría solo y a causa de su propio barco.

Medea reharía su vida mientras Jasón, efectivamente, se rodaría por una colina hacia la desesperación y la soledad. Es una tragedia extraña, en que no se restaura el orden, en que la villana queda impune. Y así se convirtió en un símbolo que, aunque decayera en época medieval y moderna, resurgió con la pintura decimonónica, de nuevo como una *femme fatale*, siempre asociada a lo oriental y decadente. Sin embargo, justamente sería la figura más reivindicada en los años, siglos y milenios siguientes.

Medea se convirtió, con sus alegatos, en un símbolo: el símbolo de la mujer que grita su rabia, el símbolo de la mujer extranjera olvidada por propios y ajenos, el símbolo de la eterna perdedora que aun así resiste. **Mientras la sociedad victoriana decía a las mujeres que su malestar venía de que eran unas histéricas cuyos deseos o sus nervios malformados les impedían adaptarse al orden y el raciocinio, las mujeres escogieron verse reflejadas en la ira y el dolor de Medea.**

En 1870 Augusta Webster escribió *Medea in Athens*, en

que representa a una Medea ya mayor, asentada en Atenas tras su exilio de Corinto y que se ha enterado de que acaba de cumplirse la profecía que hizo a Jasón sobre su muerte. El poema refleja la tristeza y la necesidad de transgresión y queja de las mujeres de su época. De igual forma, Amy Levy escribió, entre 1881 y 1882, una pequeña obra titulada *Medea*. En ella la poeta usa el lamento de Medea para expresar su propia voz, la de una mujer judía y lesbiana en un mundo de hombres británicos antisemitas.[190] Medea era extranjera y apátrida, ajena a todo salvo a un amor que la abandona. Una mujer a la que solo le quedaba el orgullo, que intentaba remendar para que no se vieran sus costuras de inseguridades y miedos.

Otras Medeas se fueron sucediendo, con distintos matices y caracteres, y que representaban el dolor de la maternidad frustrada, la sexualidad disidente o el exilio, como *Medea 55* de Elena Soriano (censurada en su época), *Black Medea*, de Wesley Enoch, o *The Hungry Woman*, de Cherrie Moraga. En el cine y el teatro no ha dejado de adaptarse la obra clásica de Eurípides, dando vueltas a la traición y la colonialidad, como pasa con la obra de Pasolini, de 1969. Este último aspecto se resignifica también en obras como *Demea*, de Guy Butler, en que la relación Cólquide y marinos griegos se asocia a la africanidad frente al colonialismo blanco.

190. Villalba-Lázaro, M. (2022), «Fragmenting the Myth: Augusta Webster's "Medea in Athens" and the Victorian Female Struggle», en *ES Review: Spanish Journal of English Studies*, 43, pp. 39-62.

En cualquier caso, todas estas visiones nos ocultan, a veces, que la Medea terrible que se perpetuó en el arte y la literatura ya era una resignificación y reedición del mito. En Corinto lo sabían bien, ya que la tumba de los hijos de Medea recordaba cómo los habitantes de la ciudad los habían matado como castigo por el asesinato, por parte de Medea, de la princesa. Una plaga que mataba a los niños aún en la cuna se había extendido por la ciudad. Tanto Pausanias como un escolio a la *Teogonía* nos hablan de esta conciencia culpable de los corintios y de los rituales anuales para aplacar la ira de Medea y de la estatua a Deima, el miedo, representada como una mujer terrible.[191] Medea era también el fuego y el agua, el resultado de la unión de un hijo de Helios y de una oceánide, Idis. De sangre divina y humana, una princesa y una maga, era un nexo entre los distintos mundos. Al final, Medea, la mujer terrible, la bárbara, el ejemplo extremo de crueldad, resultó ser la descendiente de los dioses a la que los hombres enseñaron cómo la humanidad puede traicionar todo vínculo, por muy sagrado que sea.

Quizá convenga recordar un último punto. Medea no peca por matar a sus hijos, sino a los hijos de otro, de Jasón. Para griegos y romanos el vínculo real y legal se establecía entre los hijos y su padre, el que engendraba, el que tenía potestad sobre las nuevas vidas. En este mundo los padres tenían derecho de vida y muerte sobre sus hijos, y podían decidir exponerlos o matarlos. En algunos casos, si el niño

191. Pausanias, *Descripción de Grecia*, II, 6.

nacía enfermo o con problemas físicos, incluso podía ser obligatorio el abandono o la muerte. Era un mundo en que podías recoger un bebé de la calle como hoy recogemos a los cachorros que otros malnacidos tiran a la calle. Nadie hubiera dicho nada si Jasón hubiera matado a sus hijos, como nadie, salvo la madre de la niña, se quejó de que Agamenón sacrificara a su hija como si fuera una ternera para marchar a Troya con buenos vientos.

La mitad de la Comedia Nueva y de la tragedia tenía en la base de sus historias el abandono de una criatura recién nacida y Platón se burlaba de las madres llorosas cuando les retiraban al bebé para lanzarlo al frío de la calle.[192] Sin embargo, en este mundo en que la vida apenas valía nada, Medea resultó ser la mala. Ahora bien, aunque sea siglos más tarde, en esta tragedia por fin se ha restaurado el orden, que nunca estuvo del lado de Jasón.

Un epílogo contemporáneo

Vamos a hacer un inciso aquí, antes de ver cómo se construyen las imágenes de las malas madres y madrastras, de las infanticidas y las negligentes. Si bien existen las madres terribles, la creación de estas figuras va más allá de recoger en mitos y narraciones estos miedos o estos casos, y la sociedad creaba, a través de estas imágenes, una presión terrible sobre

192. Platón, *Teeteto*, 161e.

las madres. Aún hoy se reapropia la figura de la «mala madre», como por ejemplo en la asociación del mismo nombre, asociado también a deconstruir la idea de una «renuncia» necesaria a toda la vida y proyectos vitales por parte de las mujeres. La misma idea recorrió a muchas de las feministas y luchadoras de los siglos XIX y XX, que intentaron deconstruir los modelos familiares tradicionales, como Alexandra Kollontai. En el marco de la Revolución rusa luchó por una mejor conciliación, el derecho al aborto o a la separación y enmarcó en su propia vida la capacidad de formar una familia sin tener que renunciar a todo por ello.

La creación de este mito del «amor maternal» entendido como una renuncia completa y como un amor instantáneo y absoluto no se debe solo al edificio ideológico construido en el mundo clásico. A finales de la época moderna y principios de la contemporánea, de hecho, hay un repunte y un esfuerzo ideológico en reforzar una idea de maternidad absorbente y con una idea de totalidad. Algunas autoras, como Norma Ferro o Elizabeth Badinter, han ahondado en cómo, tras milenios de recurrir sistemáticamente a nodrizas y mientras se potenciaban ideas pronatalistas, en estados que necesitaban cada vez más mano de obra y carne de cañón para las guerras las ideas del amor maternal sufrieron profundos cambios.[193]

Esto no solo afecta a cómo la mujer se ve constreñida a la

193. Badinter, E. (1981), *¿Existe el instinto maternal? Historia del amor maternal, siglos* XVI *al* XX, Barcelona, Paidós; N. Ferro (1991), *El instinto maternal o la necesidad de un mito*, Madrid, Siglo XXI Editores.

realización a través de la maternidad, la puede sentir como una obligación o que se vea presionada, sino también a cómo se entienden cuestiones como los tiempos en la creación de vínculos o las depresiones posparto. Esto, a su vez, afecta a cuestiones como los neonaticidios, abandonos y suicidios maternos. Otra forma de concebir la maternidad y los núcleos y expectativas familiares conlleva pensar en otras sociedades posibles.[194]

Asimismo, quiero recordar también otro tipo de maternidades: las no biológicas, que suelen olvidarse o minusvalorarse. Las abuelas, por ejemplo, se han hecho cargo de su descendencia cuando han faltado los padres por uno u otro motivo. En Roma también encontramos el reconocimiento a estos lazos, que podían ser informales, pero tan fuertes como los biológicos o legales.

El emperador Vespasiano, según nos cuenta Suetonio, se crio con su abuela, y se conservan inscripciones en que se honra a las abuelas como *avia et nutrix*, palabra que suele usarse para las nodrizas y criadoras. En otro caso encontramos también un *avia et mater*, que nos indica que ejerció como ambas.[195]

Quizá deberíamos empezar a deconstruir, o al menos a reflexionar, no solo sobre cómo hemos construido a las malas

194. Suárez, C., ed. (2009), *Maternidades: (de)construcciones feministas*, Oviedo, KRK; S. Tubert, ed. (1996), *Figuras de la madre*, Madrid, Cátedra.
195. Laes, C. (2015), «Grandmothers in Roman Antiquity: A Note on Avia Nutrix (AE 2007, 298)», en *Melita Classica*, 2, pp. 99-113.

madres y los contextos tras ellas, sino también cómo hemos construido a las «buenas madres». En estos casos, no solo se han ocultado abusos y pérdidas de independencia, sino que **hay muchas madres que nunca han sido reconocidas, por no adaptarse a la figura canónica de lo que una madre debe ser.** Madres adoptivas, abuelas, tías, esa vecina que siempre se hizo cargo, las crianzas comunitarias, nodrizas y cuidadoras... Aquellas que lo fueron en todo, salvo en el nombre.

CONCLUSIONES

«Mala mujer —cantaba C. Tangana—, me han dejado cicatrices por todo mi cuerpo tus uñas de gel». «Malvada y peligrosa, yo no la puedo controlar», decía David Civera en una canción que los y las que ya tenemos una edad hemos cantado de forma casi automática cada vez que sonaba en un bar. «Yo no la puedo controlar», sí. Decía justo eso.

Café Tacvba cantaba «Ingrata, no te olvides que si quiero pues sí puedo hacerte daño, solo falta que yo quiera lastimarte y humillarte», porque la definición de mala mujer siempre viene con una amenaza. Medusa decapitada, una amazona que muere a manos de un hoplita, la prostituta que apareció en esa esquina, muerta por un cliente o por el frío.

«Tu reputación son las primeras seis letras de esa palabra. Llevarte a la cama era más fácil que respirar. [...] Has hecho el amor más veces que mi abuela. Y aún no acabas ni la escuela», cantaba Ricardo Arjona. Así, para empezar. Ya sabéis. «Carolina no tiene edad para hacer el amor». Niñas peligrosas.

Si creéis que son excepciones intentad no escuchar demasiado las letras más populares del rock o el pop más clásico. No queréis oír de nuevo *It's So Easy*, de Guns N' Roses, o *Stupid Girl*, de los Rolling Stones, *Hey Joe*, de Jimi Hendrix o *Soldadito marinero,* de Fito & Fitipaldis.

Nos fascina la imagen de la mala mujer o, más bien, de las mujeres perversas. Nos atraen como polillas a la luz. Pero las bombillas son tan poco inocuas para los pobres insectos como para nosotros una mitología transmitida y transformada pero pocas veces analizada, como ya dijimos desde la introducción. Si nos paramos a escuchar dos veces la letra de muchas canciones, nos erizamos. ¿Cómo pudimos no verlo? Ahora vamos a hacer lo mismo con el pasado, con nuestros mitos mil veces repetidos. Con las malas mujeres. A lo mejor resultaba que solo eran niñas, o mujeres que no se podían controlar, o mujeres que habían perdido el miedo a que alguien quisiera lastimarlas.

Hemos oído mil veces eso de que la sociedad divide a las mujeres en santas y putas, en una dicotomía entre la madre y la esposa, que son las mujeres propias y las ajenas. Sin embargo, como hemos visto, el panorama es un poco más complejo. No hay una mujer malvada, sino muchas. No solo está la puta, sino que existe la sirena, que envuelve al hombre con suaves palabras y promesas de conocimiento para estrellarlo contra las rocas. Está la malvada madrastra, siempre dispuesta a abandonar a una hija o arruinar a un esposo. Está la extranjera, tan rara, tan exótica, tan contracultural. Está la adúltera, que hace dudar al hombre de la sangre de su sangre… o de otra sangre. Están las *femmes fatales*, los monstruos, las mujeres venenosas y las perezosas, las tiránicas y las estúpidas. Y así van construyendo una sutil red de ideas que deja poco hueco libre, una telaraña que atrapa a aquellas que les dan miedo, las mujeres, en plural genérico, cada una de las mujeres.

Así las mujeres se pierden en un laberinto de modelos y contramodelos, de ideas contradictorias, de críticas y rumores. No pueden escapar de su naturaleza, ni de su cultura, ni de las exigencias. Los tacones no dejan correr y las faldas de tubo no te permiten trepar a un árbol. No se puede llorar con maquillaje y siempre hay que sonreír. Sé dulce, niña, y no trepes a los árboles, que eso no es de señoritas. Tienes que ser madre, buena madre, dejarlo todo a un lado, amar incondicionalmente, formar una familia para siempre. Ya sabes, la familia es siempre lo primero, así que recoge los platos y no protestes.

No hay figuras de las malas mujeres sin que se configuren, a la vez, las imágenes de las buenas mujeres, que también tenemos que repensar. Este es un libro en negativo para sacar a la luz lo terrible de esos positivos, de esos halagos que ataban, de esos modelos que someten. Como Nora en la obra de Ibsen, a lo mejor es momento de dejar de ser muñecas y volar libres, de crear otros modelos y contramodelos, de forjar nuestra propia mitología de sirenas sabias y madrastras amorosas, en que todas seamos nativas y extranjeras a la vez, una mitología de colaboración en que Penélope o Helena no tengan que esperar decisiones ajenas y puedan decidir sobre su propia vida, en que la vida de Ifigenia no valga menos que la de los hijos de Medea y en que Pandora no sea un juguete de los dioses.

AGRADECIMIENTOS

No escribimos los libros en solitario y siempre toca agradecer a quienes han sido parte de este trabajo, mucho más de lo que podría parecer. Toca reconocer que, sin esa familia, biológica, elegida y compañera de viajes, todo hubiera sido más feo, más complicado y menos satisfactorio. Que los resultados serían distintos. Este es el espacio para recordar como tus primos te hicieron *tuppers* cuando más agobiada estabas, con quienes desayunas, comes y cenas y que crean una burbuja de paz y entusiasmo.

A los compañeros que te sacaron a la perra a pasear cuando estabas agotada, o a ti de cervezas, porque lo necesitabas tanto como la perra.

A esa pareja con quien puedes desconectar un rato del mundo.

Es el espacio para celebrar las redes de colegas de profesión, trabajo y divulgación con quienes has compartido información, reflexiones, chistes y frustraciones, que siempre estaban para un poco de charla intrascendente o trascendente. Reconocer la compañía y el profundo cariño tras las bromas sobre abandonar en gasolineras a tus colegas que hacen chistes malos para amenizar los viajes, y a quienes ves de conferencia en conferencia.

Es el momento de agradecer a quienes te han apoyado charla tras charla, libro tras libro, desesperación tras desesperación. A quienes han tenido una palabra amable, un comentario que te anima a seguir, una sonrisa o un entusiasmo que te hacen pensar que algo habrás hecho bien.

Agradecer las presencias silenciosas de los amigos de siempre y el ruidoso barullo de las nuevas amistades. Incluso a los más cascarrabias.

Reconocer a una editora implicada y unos lectores que dan alas a las páginas que se escriben, porque los libros tienen una vida propia más allá de sus autores.

Sobre todo, porque en un mundo que puede ser hostil, en el que vemos la violencia a diario, con estructuras que nos llevan a la desigualdad y el odio, crear redes de apoyo, de cuidados y de solidaridad es el acto más revolucionario que existe.

Vosotros sabéis quiénes sois y lo mucho que me aportáis y aportáis al mundo. Este libro es vuestro más que mío.

BIBLIOGRAFÍA

Alcalde, C. (1976), *La mujer en la guerra civil española*, Madrid, Editorial Cambio.

Alfayé, S. (2009), «Sit tibi terra gravis. Magical-Religious Practices Against Restless Dead in the Ancient World», en F. Marco Simón, F. Pina Polo y J. Remesal Rodríguez, eds., *Formae mortis: el tránsito de la vida a la muerte en las sociedades antiguas*, Barcelona, Universidad de Barcelona, pp. 181-216.

Álvarez Muñoz, M. (2005), «María Magdalena. La mujer en el cristianismo primitivo», en C. Alfaro Giner y E. Tébar Megías, eds., *Protai gynaikes: Mujeres próximas al poder en la Antigüedad*, Valencia, Universitat de València, pp. 135-150.

Andreadaki-Vlazaki, M. (2015), «Sacrifices in LM IIIB: Early Kydonia Palatial Centre», en *Pasiphae: rivista di filologia e antichità egee*, IX, pp. 27-42.

Antela-Bernárdez, B. (2021), *Apología de Olimpia de Épiro: Tres ensayos críticos*, Madrid, Ediciones Clásicas.

Badinter, E. (1981), *¿Existe el instinto maternal? Historia del amor maternal, siglos* XVI *al* XX, Barcelona, Paidós.

Bayne, E. (2011), «Womb Envy: The Cause of Misogyny and Even Male Achievement?», en *Women's Studies International Forum*, 34 (2), pp. 151-160.

Buckley, T. y A. Gottlieb, eds. (1988), *Blood Magic. The Anthropology of Menstruation*, Berkley, Londres, University of California Press.

Burnet, R. (2007), *María Magdalena. De pecadora arrepentida a esposa de Jesús*, Bilbao, Desclée De Brouwer.

Butler, J. (2001), *El grito de Antígona*, Barcelona, El Roure.

Calero Secall, I. (2012), «Los legisladores griegos y sus preceptos sobre las mujeres en los funerales», en *Revista de estudios histórico-jurídicos*, 34, pp. 37-51.

Cid López, R. M. (2014), «Imágenes del poder femenino en la Roma antigua. Entre Livia y Agripina», en *Asparkía: investigació feminista*, 25, pp. 179-201.

Conesa Navarro, P. D. (2020), «La palabra concedida. Discursos y actitudes "transgresoras" femeninas en la antigua Roma monárquica y republicana», en *Arenal: Revista de historia de las mujeres*, 27 (2), pp. 437-462.

Edmonds, J. M. (1961), *The Fragments of Attic Comedy*, vol. III, Leiden, E. J. Brill.

Eidinow, E. (2007), *Oracles, Curses, and Risk Among the Ancient Greeks*, Oxford, Oxford University Press.

Ellwood, P. (1930), *The Roman Law of Marriage*, Oxford, The Clarendon Press.

Fajardo-Hill, C. (2012), «María Evelia Marmolejo's Political Body», en *ArtNexus*, 85.

Ferro, N. (1991), *El instinto maternal o la necesidad de un mito*, Madrid, Siglo XXI Editores.

Fornis, C. (2003), *Esparta: Historia sociedad y cultura de un mito historiográfico*, Barcelona, Crítica.

Freán Campo, A. (2024), «La strix romana: análisis y caracterización», en *Florentia Iliberritana*, 34, pp. 145-164.

Garber, M. y N. J. Vickers (2003), *The Medusa Reader*, Nueva York y Londres, Routledge.

Georgoudi, S. (1991), «Bachofen, el matriarcado y el mundo antiguo: reflexiones sobre la creación de un mito», en G. Duby y M. Perrot, eds., *Historia de las mujeres, tomo 1: La Antigüedad*, Madrid, Taurus, pp. 517-535.

Gimeno, B. (2008), *La construcción de la lesbiana perversa*, Barcelona, Gedisa.

Gómez Rodríguez, A. (2004), *La estirpe maldita. La construcción científica de lo femenino*, Madrid, Minerva.

González Gutiérrez, P. (2023), *Cunnus. Sexo y poder en Roma,* Madrid, Desperta Ferro.

González Terrija, A. A. (2016), *La dulce mano que acaricia y mata: figuras siniestras femeninas en el mundo infantil grecolatino*, tesis doctoral UNED.

Guillén Lorente, C. (2020), «El Patronato de Protección a la Mujer: moralidad, prostitución e intervención estatal durante el franquismo», en *Bulletin d'Histoire Contemporaine de l'Espagne*, 54.

Hernández García, R. (2012), «¿Mujeres guerreras o mártires? La mujer hispana en los enfrentamientos con Roma (ss. III-I a. C.)», en J. M. Aldea Celada *et al.*, eds., *Historia, identidad y alteridad: actas del III Congreso Interdisciplinar de Jóvenes Historiadores*, Salamanca, Hergar Ediciones Antema, pp. 983-998.

Kelly-Gadol, J. (1977), «Did Women Have a Renaissance?», en R. Bridenthal y C. Koonz, eds., *Becoming Visible: Women in European History*, Boston, Houghton Mifflin.

Laes, C. (2015), «Grandmothers in Roman Antiquity: A Note on Avia Nutrix (AE 2007, 298)», en *Melita Classica*, 2, pp. 99-113.

Lakoff, R. (1981), *El lenguaje y el lugar de la mujer*, Barcelona, Editorial Hacer.

Laqueur, T. (1994), *La construcción del sexo. Cuerpo y género desde los griegos hasta Freud*, Madrid, Cátedra.

Ling Roth, H. (1893), «On the Signification of Couvade», en *The Journal of the Anthropological Institute of Great Britain and Ireland*, vol. 22, pp. 204-243.

Loraux, N. (2017), *Los hijos de Atenea. Ideas atenienses sobre la ciudadanía y la división de sexos*, Barcelona, Acantilado.

—(2001), «Aspasie, l'étrangère, l'intellectuelle», en *Clio*, 13, pp. 17-42.

Manzano Chinchilla, G. A. (2010), «Las identificaciones sociales de la prostituta en la literatura romana», en *Salduie*, 10, pp. 149-158.

Marcos, M. (2005), «Mujer y herejía en los orígenes del cristianismo», en I. Gómez Acebo, *La mujer en los orígenes del cristianismo*, Bilbao, Desclée De Brouwer, pp. 97-140.

Martínez López, C., M.ª D. Mirón Pérez, H. Gallego Franco y M. Oria Segura (2020), *Constructoras de ciudad. Mujeres y arquitectura en el occidente romano*, Granada, Editorial Comares.

Mays, S. y J. Eyers (2011), «Perinatal Infant Death at the Roman Villa Site at Hambleden, Buckinghamshire, England», en *Journal of Archaeological Science*, 38, pp. 1931-1938.

Montero, S. (1999), «La remuneración económica de las adivinas y hechiceras en Roma», en *Saitabi*, 49, pp. 333-340.

Monzón Pertejo, E. (2011), «La evolución de la imagen conceptual de María Magdalena», en A. R. Zafra Molina y J. Azanza López, coords., *Emblemática trascendente hermenéutica de la imagen, iconología del texto*, Pamplona, Universidad de Navarra.

—(2018), «El cuerpo de María Magdalena: representaciones, pornografía y feminismo / The Body of Mary Magdalene: Representations, Pornography and Feminism», en *Asparkía. Investigació Feminista*, 3, pp. 81-99.

Nash, M. (1989), «La miliciana: otra opción de combatividad femenina», en Instituto de la Mujer, eds., *Las mujeres y la guerra civil española, III Jornadas de estudios monográficos*, Salamanca, Ministerio de Asuntos Sociales, Instituto de la Mujer, pp. 97-108.

Notario, F. (2013), «Reflexiones en torno al castigo de la familia de Dionisio II en Locris Epicefiria», en J. Caerols, ed., *Religio in labyrintho: encuentros y desencuentros de religiones en sociedades complejas*, Madrid, Escolar y Mayo, pp. 63-74.

Novella, E. J. (2009), «De la historia de la psiquiatría a la historia de la subjetividad», en *Asclepio*, 61(2), pp. 261-280.

Owens, D. C. (2017), *Medical Bondage: Race, Gender, and the Origins of American Gynecology*, Atenas, University of Georgia Press.

Paz Fernández, M. (2009), «Maga famosissima y clarissima meretrix: algunas consideraciones sobre la figura de Circe», en *Quintana*, 8, pp. 213-229.

Pedregal, A. (2010), «Maternidad y madres en la tradición cristiana (siglos II-IV de.). Discursos sin memoria», en R. M. Cid López, ed., *Maternidades: representaciones y realidad social. Edades Antigua y Media*, Madrid, Asociación Cultural Al-Mudayna, pp. 111-131.

Pérez Miranda, I. (2007), «Penélope y el feminismo. La reinterpretación de un mito», en *Foro de Educación*, 5(9), pp. 267-278.

—(2010): «Madres terribles: avaricia, envidia, traición y mentira en la mitología griega», en R. Cid López, ed., *Maternidades: representaciones y realidad social*, Sevilla, Almudayna, pp. 59-74.

Posadas, J. L. (2012), «Las mujeres en la narración y la acción de César, los cesarianos y Salustio», en *Studia Historica. Historia Antigua*, 29, pp. 251-276.

Reboreda Morillo, S. (1998), «Penélope y el matriarcado», en

Arys. Antigüedad: religiones y sociedades, 1, pp. 31-38.

Roller, D. W. (2023), *Cleopatra. Biografía de una reina*, Madrid, Desperta Ferro.

Rousseau, G. S. (1993), «A Strange Pathology: Hysteria in the Early Modern World, 1500-1800», en S. Gilman *et al.*, eds., *Hysteria Beyond Freud*, Berkeley, University of California Press, pp. 91-221.

Saavedra Vázquez, M. C. (2001), «Guerra, mujeres y movilidad social en la España moderna», en X. Balboa y H. Pernas, eds., *Entre nós: estudios de arte, xeografía e historia en homenaxe ó profesor Xosé Manuel Pose Antelo*, Santiago de Compostela, Universidad de Santiago de Compostela, pp. 339-358.

—(2005), *María Pita. Una aproximación a su vida y a su tiempo*, A Coruña, Vía Láctea.

Schaefer, S. B. (2015), *Huichol Women, Weavers, and Shamans*, Albuquerque, University of New Mexico Press, p. 311; Gamlin, J. B., y J. Hawkes, S. (2014), «Pregnancy and Birth in an Indigenous Huichol Community: from Structural Violence to Structural Policy Responses», en *Culture, Health & Sexuality*, 17(1), pp. 78-91.

Sevilla Conde, A. (2012), «Morir ante suum diem. La infancia en Roma a través de la muerte», en Daniel Justel, *Niños en la Antigüedad. Estudios sobre la infancia en el Mediterráneo antiguo*, Zaragoza, Prensas Universitarias de Zaragoza, pp. 199-233.

—(2014), *Funnus Hispaniense. Espacios, usos y costumbres funerarias en la Hispania Romana*, Oxford, BAR.

Sebillotte Cuchet, V. (2014), «The Warrior Queens of Caria (Fifth to Fourth Centuries BCE): Archeology, History, and Historiography», en A. Keith y J. Fabre-Serris, eds., *Women and War in Antiquity*, Baltimore, Johns Hopkins University Press, pp. 228-246.

Sharrock, A. (2020). «The Roman Mother-in-Law», en A. Sharrock y A. Keith, eds., *Maternal Conceptions in Classical Literature and Philosophy*, Toronto, University of Toronto Press, pp. 140-166.

Simkin, S. (2014), *Cultural Constructions of the Femme Fatale*, Houndmills, Palgrave Macmillan.

Southon, E. (2019), *Agrippina. The Most Extraordinary Woman of the Roman World*, Londres, Nueva York, Pegasus Books.

—(2024), *La historia de Roma en 21 mujeres*. Barcelona, Pasado & Presente.

Stratton, K. (2007), *Naming the Witch: Magic, Ideology, and Stereotype in the Ancient World*, Nueva York, Columbia University Press.

Suárez, C., ed. (2009), *Maternidades: (de)construcciones feministas*, Oviedo, KRK.

Tetlow, E. M. (2005), *Women, Crime and Punishment in Ancient Law in Society*, volumen 2, Nueva York, Londres, Continuum.

Thurston, E. y K. Rangachari (1909), *Castes and tribes of southern India. Volume III*, Madrás, Madras Government Press.

Tubert, S., ed. (1996), *Figuras de la madre*, Madrid, Cátedra.

Unceta Gómez, L. (2017), «Los inicios del Imperio romano en los formatos contemporáneos (II): Augustos de celuloide», en *Minerva. Revista de filología clásica*, 30, pp. 281-315.

Villalba-Lázaro, M. (2022), «Fragmenting the Myth: Augusta Webster's "Medea in Athens" and the Victorian Female Struggle», en *ES Review: Spanish Journal of English Studies*, 43, pp. 39-62.

Watson, P. A. (1994), *Ancient Stepmothers. Myth, Misogyny & Reality*, Leiden, Brill.

Wilcken, U. (1967), *Alexander the Great*, Nueva York, Norton.

Fuentes

Amiano Marcelino, *Historias*

Antonio Liberal, *Transformaciones*

Apiano, *Guerras civiles*

Apolodoro, *Biblioteca mitológica*

Apolonio, *Argonáuticas*

Apuleyo, *El asno de oro*

Aristófanes, *Acarnienses*

—*Lisístrata*

Aristóteles, *Sobre la generación de los animales*

Ateneo, *El banquete de los eruditos*

Aulo Gelio, *Noches áticas*

Avodah Zarah
Biblia
Catulo, *Poemas*
Celso, *El discurso verdadero contra los cristianos*
Celso, *De medicina*
Cicerón, *Pro Caelio*
—*Sobre la naturaleza de los dioses*
Claudio Eliano, *Historias curiosas*
Código de Justiniano
Digesto
Diodoro Sículo, *Biblioteca histórica*
Dion Casio, *Historia romana*
Esquilo, *Agamenón*
—*Coeforas*
Esquines, *Contra Timarco*
Estrabón, *Geografía*
Eurípides, *Hércules*
Flavio Josefo, *Antigüedades judías*
Heródoto, *Historias*
Hesíodo, *Los trabajos y los días*
—*Teogonía*
Historia Augusta
Homero, *Iliada*
—*Odisea*
Horacio, *Epodos*
—*Sátiras*
Jerónimo, *Epístolas*
Juvenal, *Sátiras*

Lucano, *Farsalia*
Luciano, *Diálogo de las cortesanas*
Marcial, *Epigramas*
Macrobio, *Saturnales*
Ovidio, *Fastos*
—*Heroidas*
—*Metamorfosis*
Papiro Berlín
Pausanias, *Descripción de Grecia*
Persio, *Sátiras*
Platón, *Teeteto*
Plauto, *Aulularia*
—*Miles gloriosus*
—*Rudens*
Plinio, *Historia natural*
Plutarco, *Deberes del matrimonio*
—*Máximas de mujeres espartanas, Gorgo*
—*Moralia*
—*Vida de Alejandro*
—*Vida de Catón el Menor*
—*Vida de Coriolano*
—*Vida de Ligurgo*
—*Vida de Solón*
Propercio, *Elegías*
Quintiliano, *Instituciones oratorias*
Sagrada Congregación para la Doctrina de la Fe, *Inter insigniores*

Senatusconsultus de Bacchanalibus (CIL I2, 581)
Suetonio, *Vida de Augusto*
—*Vida de Nerón*
—*Vida de Vitelio*
Taanit
Tácito, *Anales*
—*Diálogo de los oradores*
—*Germania*
Tertuliano, *Apologético*
—*De habitu muliebri*
Textos de magia en papiros griegos
Tito Livio, *Ab urbe condita*
Valerio Máximo, *Hechos y dichos memorables*
Virgilio, *Eneida*

Corpus

CILA II= J. González, *Corpus de inscripciones latinas de Andalucía*. Volumen II, Sevilla. Tomo I, La Vega (Hispalis), Junta de Andalucía, Sevilla, 1991
AE= L'Année épigraphique
CIL= Corpus Inscriptionum Latinarum

«Para viajar lejos no hay mejor nave que un libro».

Emily Dickinson

Gracias por tu lectura de este libro.

En **penguinlibros.club** encontrarás las mejores recomendaciones de lectura.

Únete a nuestra comunidad y viaja con nosotros.

penguinlibros.club

penguinlibros